幸福关系
心理课

刘以飞 著

北京时代华文书局

有态度的阅读
小马过河(天津)文化传播有限公司出品

CONTENTS 目录

壹　读者来信：关于恋爱

怎么留住男朋友的心　/ 3

为什么我总是遇上渣男　/ 6

劈腿是因为自卑吗　/ 9

我们之间的关系算什么　/ 12

丢掉的男人别再捡起来　/ 14

是习惯还是爱呢　/ 17

对"不恋爱，先上床"你怎么看　/ 19

算命说我们不合　/ 22

男朋友爱干涉我的穿着　/ 25

先认错的就是对的吗　/ 28

只要真心都可以吗　/ 32

情人加料不加价　/ 35

女朋友可不是客户　/ 38

女朋友一哭二闹三上吊　/ 41

朋友比女朋友还重要吗　/ 44

爱要多宣传　/ 48

幸福不用排队，也不用抢　/ 51

爱要有方法　/ 54

爱不一定要原谅　/ 57

十个男人有九个爱说谎　/ 59

"钱"进幸福　/ 62

"讲理"的女人才不讲理 / 65
忍住不做爱，算好男人吗 / 68
同情不是爱 / 70
每次出去都是我付钱 / 73
让我忘记你的脸 / 76
他很好，只是爱劈腿 / 79
想分手却不想伤害她 / 82
笨男人就是好男人吗 / 85
爱不说不算吗 / 88
当朋友变情人后 / 91
好朋友胜过女朋友 / 95
我爱你，但是不爱你的习惯 / 98
我是你女朋友，给我 VIP / 101
爱我不必十项全能 / 104
分手不痛就是爱得不深吗 / 106
爱可以试试看吗 / 108
分手也要用心 / 110
各取所需的爱 / 113
懂我的人和爱我的人 / 116
我的男朋友管得太多 / 120
上了床还不算在一起吗 / 124

贰 脱单秘籍：男人篇

十月先生的短裤 / 129
孤独的精英 / 132
三秒钟轻松搞定 / 135
没品位的品位男 / 138

别动不动就 Oh My God / 141
聪明的男人不会忠诚 / 144
我没有资格谈恋爱 / 147
青春纪念簿 / 150
"丹参"还是"单身" / 153
一全一美乘以十 / 156
对你没感觉了 / 159
女人只要漂亮就好吗 / 162
幸福电子表 / 165
跟你谈恋爱像守寡 / 168
男人比女人更痴情吗 / 171
不做不会埋单的男人 / 174
不麻烦就不叫女人 / 177
没有很喜欢，可以不买 / 180
爱情时差 / 183
别碰我的"脸" / 186
结婚是最快的升迁 / 189

叁 脱单秘籍：女人篇

一刀毙命的关心 / 195
十级地震的决心 / 197
门神不用带出门 / 200
立正！敬礼！好，可以亲了 / 203
懂小姐的危机 / 206
男友还不如卡友 / 209
"果汁机" / 212
超速的深情 / 215

全包式爱情 /218
不忙没人要吗 /221
一开门就分手 /224
别人有的我都要 /226
想的、爱的不是同一套 /229
职业恋爱 /232
剩女的时间管理 /235
很不体贴的体贴 /238
爱情的预知能力 /241
思考的话太慢了吗 /244
嘴上的尊重 /247
年龄是女人和爱情的天敌吗 /250

肆 恋爱法则与识人

十种你该放弃的女人 /255
打一场"爱情剩战" /260
异性缘好为何却没有爱情 /263
好女人的问题出在"太好了" /266
不必对每个男人都专情 /270
三大好男人背后的真相 /273
好男人清单 /276
女人的情绪雷区 /280
让女人倒胃口的搭讪 /284
听不懂女人说的话怎么办 /287
温柔是最强大的武器 /290
是用心爱,还是用心机爱 /293

壹 —— 读者来信：关于恋爱

壹 读者来信：关于恋爱

怎么留住男朋友的心

读者来信

我男朋友一直想学韩语，今年他顺利考上了，学韩语是不错，他有兴趣的事情我都会支持，问题是，一想到语言系里面几乎都是女生，我每天都会失眠！我也不敢跟他说我怕女同学太多，希望他不要去。那他一定会说我想太多，说他很爱我，要我不必担心。我知道我应该支持他的兴趣，可是我真的很担心他被别的女生抢走。我该怎么办？

以飞说

"如果是异地恋，和男朋友距离比较远，你的男朋友就变成了别的女生的机会。你不知道现在的女生有多主动，管他有没有女朋友，照抢不误！""男人都一样，不盯着他，他就会作妖！"我想这些想法都是你内心的独白和惶恐吧，我理解你的担心，我知道你担心的是男朋友会被拐跑。不过，我必须告诉你，如果是这样的话，你的担心将是一生的，哪怕和他分手再和其他人谈恋爱。

爱一个人，是需要用一生去经营的，在经营爱情的过程中会有幸福感，也会惶恐不安，更会患得患失。

然而残酷的事实是：即使你的男朋友不攻读韩语，也难免会遇到女生很多的环境。就算现在念书时幸运地逃过一劫，没有认识女同学，将来工作也还是不能避免。这个世界上的性别除了男生就是女生，不论是走在路上、点菜、缴费、买电影票，甚至在小区里遛弯都会遇到女生。就算你把他绑起来，不让他出门，宅在家里玩游戏，网恋也是避免不了的。一个男生只要活着，就避免不了接触女性！

不过根据我的观察，男生的出轨，和所在的环境因素关系并不大，并不是在女生多的环境就容易出轨。不知道你有没有听过这样的说法，大多数感情容易出现问题的都是比较少接触女生的男生，他们因为对女生了解不足，在恋爱中反而容易只顾着捧着女生，慢慢地丧失掉自尊，最后不欢而散。

把男朋友放在环境真空里，不让别的女生靠近，只能防得了一时。真正能防得了一辈子的方法是：把角色调转一下，让他来担心你，而不是你一天到晚担心他！

你要让他感觉到你这么漂亮、这么可爱、这么聪明,又有吸引力,走到哪里都是焦点,都会有男生感兴趣,都有男生想追你,是他必须把你看得紧紧的,而不是你一天到晚地黏着他!这才是解决问题的根本之道!

不要过度担心。偶尔的担心是必要的,会让男生觉得你很在意他,担心他跑掉,是让他觉得你爱他、在乎他的表现。太过担心的坏处是容易破坏两个人之间的信任,反而容易快速毁掉你们之间的感情。

要常常联系。不管有多忙,找时间见见他的新同学、新同事、新伙伴,宣示你的主权。切记去的时候要用心地打扮,表现出迷人大方的一面。通过认识他的朋友,来展现你的温柔和礼貌,给足他面子。如果有其他男生在场,别忘了多对他笑,给他足够的关注。等你回去的时候,他的朋友会告诉你男朋友:"你的女朋友很不错啊!"

其余时间请不要太担心,把担心他出轨的精力花在一起学习和进步上,两个人才能创造更多的话题。如果他在成长,而你在原地踏步,时间久了容易形成沟通上的"代沟"。成长关系里的同频,更容易促成两个人关系的稳固和长期发展。

与其担心男朋友和自己分手,不如多花点时间充实自己的生活,增加自己的魅力,否则怎么在他面前展示你的实力?

为什么我总是遇上渣男

读者来信

我很容易因为男生对我好，就觉得对方是个好人。偏偏每次遇上的这种男生，都是渣男，把我当成备胎。交往一段时间之后，一定会移情别恋，离我而去。有没有人可以教教我，该如何避免老是被当成备胎的宿命？

以飞说

渣男这种情况，已经变成一种比较普遍的现象。所谓渣男有两种解释：一种是原本就抱着姑且一试的心态，有点像在超市里到处试吃，不管喜不喜欢，先吃再说，反正不用付钱；另一种是原本觉得很适合，但久了之后渐渐觉得不太好，像电视购物和网购，有试用期，不满意的话可以退货，但要自付运费，损失一点钱。

第一种状况是大多数人的心态，看对眼了，还来不及深入了解，就先交往看看，其他的事以后再说。似乎爱很简单，爱了再说，反正大不了可以分手。把责任看得很轻，却忘了这样会对自己和对方造成伤害。很不幸的是，现在有不少人抱有这样的想法。

第二种状况则是刚开始交往的时候还算认真，但渐渐了解、熟悉后，开始察觉到彼此不适合，便有了想分手的念头。会发生这种状况的人通常是比较理智、性格谨慎，或是受过伤害怕爱情的人。他们不会一开始就全心投入感情里，而是缓慢地推进两个人的关系，因而让人以为他是在骑驴找马。事实上，他只是考虑得比较多，并不是存心想伤害你。

为什么很多女生都会被渣男吸引呢？这也有两种解释：一种是存心渣的人当然会到处放电，不放过任何一个女生，所以很容易让每个女生觉得他对自己特别好。另一种是他跟你相处久了，渐渐觉得不合适了，想要换个人重新开始，也就是说他原本把你当作爱情的港湾，后来觉得你是备胎。

碰到以上两种情形，解决方式都只有一个，就是重新检讨你看人的标准和眼光！请摸着你的心仔细想想：你是否经常一见钟情？你是否很容易接受男人的追求？只要看起来还不错的男人向你靠近，你是否就忍不住点头？

如何摆脱这样的宿命，不要太容易触电？如果你不想当备胎，就不要接受一些不三不四的人对你释放的信号。或者说，让自己稍微高冷一点，不要太轻易去接受一段关系，不要被一见钟情冲昏头脑，就是我们常说的恋爱脑。多给自己和对方一点时间，这样的距离和时间刚好可以理智分析一下两个人到底合不合适，多观察，给自己充分的时间，再来考虑是否和他交往。

不要认为只是对你好。认清所谓的"对你好"是所有男人在追求女人的过程里都会做的，只能算是恋爱的基本招式，不能算是优点。你必须相信自己，你值得别人对你好，更要知道喜欢一个人的原因不该只是因为他对你很好。

挑人还是被挑？女人不是只能被动等男人来追。你得花点心思去经营自己的感情：你喜欢的是什么样的男人？你适合什么样的男人？你想跟什么样的男人谈恋爱？女人不是只有被挑的分，也有挑人的权利。当你很清楚地知道自己想要的是什么样的男人，爱错人的概率会大大降低！

说得更明白一点，就是要找合你口味的男人，不要随便去迎合男人的口味。祝福你早日找到心仪的那个男人！

壹 读者来信：关于恋爱

劈腿是因为自卑吗

读者来信

我的男朋友一直对自己的长相感到自卑，认为自己长得丑，所以他想证明别人交得到的女朋友，他也能。抱着这个心态，他交了很多女朋友，我是其中一个。听他的朋友说，他最爱的是我，我相信，因为他每个礼拜都会来找我。我想除长相之外，他的家庭背景也是让他比别人更缺乏爱的原因，他的父母都不关心他，他一直是一个人，很需要人陪。我没有办法每天陪他，他只好找别的女朋友陪。我很想帮他，不想让他感到自卑，我一直对他付出，希望有一天他能够了解我是最值得他爱的人，但是，这样做真的有用吗？

9

以飞说

我建议你做一个测验。两个人约一个时间，做一个深度的沟通。具体沟通什么呢？我来教给你，你对男朋友说："在跟你交往的这段时间以来，我觉得自己越来越没有自信。其实，我也想好好证明自己的魅力……但是请放心，你一定会是我最爱的那一个！异性朋友也都会在网络上面交，尽量不让你发现。就算让你发现了，我在这里郑重告诉你，我永远不会离开你的！虽然我家庭健全，但也很缺乏安全感，需要很多爱……礼拜一到礼拜五的这段时间，我会尽量多找一些异性来陪我，一方面证明自己，另一方面让自己多点安全感。周末我会尽量空出来，这样我们还是能在一起。真是感谢你，要不是跟你交往，我也不会了解原来多交几个男朋友就能够证明自己，提升自己的内在……谢谢你教会我这么多！现在我懂了，不会再做错了！"

请你在说完以上这段话之后，把你男朋友的反应告诉我，谢谢！我非常想知道测验结果。

请不要笑，我是认真的，我并不喜欢开玩笑。"男人怎么对你，你就怎么响应他"，这是两人相处最好的方式。我想，自己应该最吃自己那一套，不是吗？

很多恋人的相处模式是：一方为了爱，一直忍受伤害，认为继续忍受就是证明爱的方式；而施加伤害的那一方却浑然不知，或是一切照旧。到最后，问题一直累积，被伤害的人受到更大的伤害。

我想这不是每个女人想要的结果吧？

不管你的男人是对长相自卑、对家境自卑，还是对能力自卑，都不该是你继续忍受他劈腿的理由。老是为劈腿找借口的男人，就是人品有问题，做错任何事，他都能找到理由来逃避，推卸责任，甚至把错怪到你头上。

这样的男人值得你为他受伤吗？

我们之间的关系算什么

读者来信

我在公司里有一个很要好的男同事，有一天突然问我说他帅不帅，而且还跟我说他向一个女生告白了，但是对方要他再等等，所以他跑来问我要怎么办，还问我他和这女生有机会吗。但是他又经常摸我的头，不管发生什么事都跟我讲，连他以前的丑照也只给我一个人看。他在公司里人缘很好，不过他什么问题都找我、告诉我。天啊！我也是个女人，到底他对我的感觉只是朋友而已，还是略为喜欢？还是……连他自己也不知道？

以飞说

依我多年和男生交朋友的经验，必须坦白地跟你说，如果他对你有意思，不会只摸你的头……唉，这样你了解了吧？

你们之间看起来很单纯，是一种友谊关系，越来越靠近的原因，我认为是那个男生想要有一个女生来当恋爱顾问。有一个异性的朋友站在女生的角度，倾听他的问题，给他提供意见，这样对很多信息的处理也比较客观，更容易接近"他喜欢的那个女生"的想法，毕竟你也是女生嘛！

尤其面对恋爱问题，男性朋友大部分都会用开玩笑或是互怼的态度面对，男生很少会和男性朋友倾诉情感问题，也很少有男生会认真倾听，并提供实用的意见。这时候，女性朋友显得尤为重要！而他身边的女性朋友刚好就是你，于是让你扮演越来越重要的角色，对他来说你是非常特别的朋友，这是目前的状况。

这还可以有续集噢！有一天他可能会发现一直陪在他身边的你，才是他的真命天女……不过，这种机会很难说，因为他要是追上了"那个女生"，你就没戏了！要等到他主动发现你的优点，可能不知道何年何月了！

如果你真的很喜欢他，建议你还是找机会表达，让他知道你的感觉，朋友和恋人的关系有时只有一线之间，很容易跨越。万一，我是说万一（希望不会发生）他对你没兴趣，也不会拒绝你继续当他的朋友，你们还是可以有特殊而美好的友谊。因为多一个喜欢他的女性朋友，对男生来说是很有成就感的，红粉知己嘛，哪个男人不想要！祝你"表白"成功！

丢掉的男人别再捡起来

读者来信

我跟前男友虽然分手了,但是我们俩是同班同学,所以每天还是会见面。没想到这家伙现在吃错药了,老是在我面前和班上的女生开心地打情骂俏,而且还是跟我的好朋友,一点都不顾及我的感受。我想躲都躲不了,每天去上课都搞得很尴尬,我该怎么办?救救我,我真的快疯了!

以飞说

同情跟施舍才是你应该面对的态度。他这样的行为无非是想向你证明:"没有你也没关系啊!反正我身边不缺女生!"所以只要你在旁边,他就一定把行为和动作无限放大,借此来吸引你注意，生怕你看不见、听不见。其实，这样只能证明他心里空虚得要命，多渴望你可以再理会他一下，再多看他一眼……

不知道你们是为了什么分手，但如果你不想跟他复合，那你千万别被他影响，不管他做得怎么夸张，你都别理他！只要你一理他就中计了，他可能会越来越夸张，越玩动作越大，心里还得意地说："看吧！没有我不行了吧！看我跟别的女生在一起吃醋了吧，哈哈哈……"

那该怎么做呢？以飞建议你完全不需要"释怀"，也不必假装你跟他已经过去，你要很宽大，反而应该配合他演出，只是演的不是他希望你担任的角色。

下一回，他再打情骂俏，建议你给他一点点同情的眼光，让他知道，离开你，他心里有多空虚。

具体的方式如下：轻声地跟他说："你真棒呢！"然后拿起 iPad 来听，让音乐掩盖他们的笑闹。请记住，一定要让他知道你忙着听音乐，完全听不到他！立刻离开现场，不用假装没看到，而是要在他面前表现出无所谓的态度。转移你的注意力，别让自己的情绪被他牵着走。你也去找别的男生聊天吧！借这个机会联络一下同学感情，跟男同学聊聊也不错。切记不要乖乖地坐在那里，什么都没做，偷偷地盯着他看，自己尴尬地生闷气。

几次之后，他知道你不会理他，不在意他，我想他也不会再继续了。如果你有意愿跟他复合，以上做法就没有必要了。你应该坦白地面对他，告诉他如果想把你追回来，就不应该用这种笨方法，要有颗更聪明的脑袋。

壹 读者来信：关于恋爱

是习惯还是爱呢

读者来信

我跟男朋友交往一年多了，我不知道对他的感觉是习惯还是爱。我们的相处一直很平淡，就像白开水一样，一点味道都没有。最近，有个在银行工作的男生热烈追求我，让我又有了心动的感觉。可是，我又害怕跟现任男朋友分手，跟那个男生在一起以后，爱又会变成了习惯，不会幸福。我是不是太自私了？但是，我真的很想知道谁才是我的白马王子。

以飞说

提醒你两件事：所有的爱都会变成习惯；所有的东西都会变旧，人也会。当初你想必也爱过现在的男朋友，否则不会跟他在一起，

17

但人在一起久了之后，慢慢就会变成习惯。A男、B男、C男……Z男都一样，无一例外。旧爱绝对比不上新欢，你的男朋友已经和你在一起一年多了，绝对比不上新的男生吸引人。因为你和男朋友之间的平淡生活，缺乏新鲜感，让你感受不到生活的激情。你和那个男生之间，却充满了新鲜感、太多的可能和想象。换个方式说，旧货很难抵得过新货，谁都想试试新的会不会比较好！

但新的也会变旧的。你的考虑不是自私，是很实际，到底这个新男人会不会比旧男人好呢？

于是问题的核心出现啦！重点不是习惯还是爱，而是你到底想不想和这个"旧"男人继续在一起。建议你把这两个男人摊开来，仔细分析比较：

你和谁相处比较融洽？你和谁沟通无碍？你和谁价值观相近？你在谁面前能坦白自在？你和谁最聊得来？你和谁的未来蓝图最相近？谁能常给你成熟的建议？谁比较让你信赖？谁让你有安全感？谁对你较体贴？谁能有耐心听你说话、倾诉？谁比较会为你着想？……还有很多很多，你可以继续往下列。当你一边列出你在意的事，一边思考两个人的不同，应该也能体会到你自己想要的男人是哪一个了，那轮廓会越来越鲜明。加油！祝福你做对的选择，过幸福的生活！

对"不恋爱，先上床"你怎么看

读者来信

我身边的人好像都觉得上床没什么，难道是我的想法太保守，还是我老了？我无法理解"不恋爱，先上床"的爱情观，更无法理解为什么越来越多人会认同这样的爱情观，觉得上床很平常、没什么。难道纵欲已经变成一种习惯？到底是我奇怪，还是别人奇怪？

以飞说

不必害怕和别人不一样！纵欲就是无法控制欲望，无法控制自己。不管是贪心的欲望还是肉体的欲望，不能好好控制的话，都不会有什么好结果。

如果只是重视肉体的欲望，我觉得那没什么不好，但"过度"

重视，甚至把它摆在所有事情的最优先，不在乎其他的事，问题可就大了！

看过很多过度重视肉体欲望的人，常会为了追求身体的刺激不顾一切，有些一开始还很得意，觉得骄傲，认为自己可以把爱和性分开，是很了不起的事（的确有不少这种人）。还有些人追求各种性爱花招，收集性伴侣数量，或尝试各种禁忌危险的性爱……这些人看似在他想要追求的肉体部分很满足，其实却比别人更寂寞。

因为没有人会想跟这样的人过一辈子！

绝大多数人还是希望有段稳定的感情。虽然说稳定、认真、有结果的爱情观听起来等于老旧、无趣、年纪大、放不开……然而，那只是错觉，世界上大部分人还是喜欢传统一点的爱情，希望情人之间能够建立长久的关系，彼此信任，相互扶持。

当你第一次发现情人和别人上床，一开始可能会原谅，但10次之后会原谅吗？100次之后会吗？人不是笨蛋，都想追求幸福，没有人渴望不幸的爱情，没有人希望爱上一个花心的情人。

也就是说，纵欲的人有幸福感的概率比较低。这无关对错，只看你选择的是什么，是想要满足肉体欲望，还是想要幸福？即使现在，还是有人写情书，还是有很多人用"心"而不是用"身体"在爱。

我不认为现在人的爱情观已经和以前完全不同。每个人都有自己的爱情观，有些人或媒体喜欢把问题推给时代，那不公平。"因为时代改变了，所以同时劈好几腿很正常，上一上床没什么好大惊小怪，反正大家都这样啊，又不是我一个人的错！"这样的说法只是不负责任的借口。

不管时代怎样，人都是个体，有自由的意志，没有所谓"大众想的都一样"这回事。有些过度纵欲的报道和事件是媒体刻意放大，感觉上像是在告诉大家："现在时代变了噢，规则改了噢，红灯可以闯过去不罚钱了，随便上床也不必有道德束缚了！"

有些人的确会被这样的言论影响，渐渐地改变想法，开放自己的界线，试探欲望的追逐。然而，他们也必须承担放纵带来的结果，往往不是他们想要的快乐。

你不必因为害怕和别人不同，就改变自己的爱情观。

你可以选择你想要的坚持，也可以选择跟你一样坚持的人。我深深觉得选择的过程，就是在寻找真爱的过程。

算命说我们不合

读者来信

我和男朋友交往三年多，终于要准备结婚了，无奈我的爸妈不是太喜欢他，因为他的家庭不幸福，父母是分居状态，所以到现在还是希望我不要嫁给他。现在好了，终于要如我爸妈的愿了，因为算命先生说我们俩八字不合，拜托，两个生日只差一天，怎么会不合？我不信邪，也自己去算了塔罗牌和紫薇运势，结果都一样，说我们不适合。我爸妈现在老是挂在嘴边说，老天爷注定要让我们两个分开，硬要结婚，只会更辛苦。神啊！难道你真的认为我们不应该在一起？我好希望你只是在开玩笑。

以飞说

人的命运是可以改变的。所以你也不用绝望。

你的问题看起来有两个重点：你父母的反对；你自己对算命的话也是蛮在意的。

我觉得第一点好解决，关键在第二点，你的心被动摇了。如果你交了两个男朋友，一个是郭台铭的儿子，一个是你男朋友，你会嫁哪一个？我想你爸妈怎么挑也会挑郭台铭的儿子吧。这就是父母的看法，他们认为经济能力、学历、家世背景很重要，可以给你保障，他们是为了你好。

但问题是，郭台铭的儿子可能和你价值观不同、兴趣不同、生活圈没交集、对你不体贴、有你无法接受的生活习惯……这种问题，无论算命怎么算，都算不出来！

传统的算命只会认定所谓条件方面的东西，因为算命是一种统计学，一种公式，无法判断感觉方面的交流。所以，你必须考虑清楚你们两个到底合不合适。这是你的感情生活，不是你爸妈的，也不是算命先生在跟你男朋友谈恋爱！

婚姻这条路，是你们两个人一生的功课，坦白说，两位老人家不会陪你走完人生的路，还是挑自己喜欢的吧！

打个比方，老人家在选择家居用品的时候，挑的多是质优价廉耐用不坏的东西，但是东西是你在用，东西好不好用，也只有用过才知道。放在你现在的感情里，你和男朋友也交往了三年，他的人品、德行、习惯、三观好不好，其实你是最清楚的。

如果你的爱是坚定的，经过各种困难的考量还是爱他，那算命的部分，我认为是容易解决的。

幸福是靠自己创造的。八字合得来，最后离婚收场的大有人在。被算出合不来，却过得快快乐乐的，也不算少。算命不管准不准，都只是为了求个心理安稳。如果迷信到和谁在一起、要不要分手、该不该结婚这种事都要靠算命，让别人去决定你的人生，不能靠自己决定，实在是没有谈恋爱的资格。

壹 读者来信：关于恋爱

男朋友爱干涉我的穿着

读者来信

我男朋友算是外貌协会的忠实"会员"，但他也比较重视内在，希望内在和外在都能兼顾。刚开始一切都还不错，不过交往一段时间之后，他就开始要求我的穿衣打扮，希望我可以穿得时尚一点、性感一点。刚开始我还会努力地学习，配合一下他的需求。但是偏偏我就爱穿牛仔裤，喜欢轻松的休闲打扮，所以久了就觉得很不自在。我男友很霸道，只要约会的时候穿着合他的意，那次约会就会十分愉快，他会很开心，对我很好。相反，只要打扮休闲点，他通常就会摆臭脸，不欢而散。常常为了这件事情闹得不愉快，我真的好累，难道和他在一起就要打扮成夜店辣妹才会幸福？要真是这样，我该跟这男朋友继续下去吗？不过我不想因为这个理由跟他分手，感觉很不值得。

以飞说

他喜欢的不是真正的你！他真的是一个重外在也重内在的男生吗？他如果重视内在，就应该有足够的情商调整自己的心态，尊重女友的穿着，而不是像土匪一样去勉强一个女生。

你说不想因为穿着而分手，觉得不值得，但是我认为这个原因已经足够成为分手的理由，因为他喜欢的是他想要的你，不是真正的你！"你穿长裤我不爱，你要穿我喜欢的性感风格的衣服我才爱！"他喜欢的真的是你吗？我看是他心里幻想的芭比娃娃吧！

他不懂尊重！哪有人一看到女朋友穿长裤就摆臭脸，摆明你要是不听话，我就不爽给你看！这不是平等的两性关系。不管穿什么，都应该彼此尊重。即使你男朋友穿着土气地跟你出门，我想你也不会瞧不起他，不愿意跟他走在一起吧。这就是尊重，如果他不懂尊重你对衣服的选择，也就不会尊重你其他的选择。

他觉得自己在你之上，他拥有安排管制一切的权利，你只是一个随从，只能乖乖听话！三番五次以"你的穿着影响他的心情，你穿得不性感，他会不开心"为理由来威胁你，这是一种情感胁迫，以爱你为名来伤害你，并不是一个成熟的男人应有的表现。

如果他足够聪明，心态够成熟，应该是要正面地鼓励你："你穿这样很好看，以后多穿啊，看起来好漂亮！"而不是通过限制你的主观需求和压制你的需求，这是典型的情感暴力。我看他是把你当成他人生的装饰品吧！

看起来是很小的穿着问题，其实是很大的观念问题。

如果给你一些建议，我觉得两个人的相爱相处应该是轻松自在的，在他面前你能畅所欲言，说出在别人面前不敢说、不好意思说的意见；你能放松地表现自己，不需要伪装、虚假和扮演，因为他是你除了父母之外最亲密的人，这才是相爱的意义。

如果在他面前连穿衣服都觉得是一种压力，不能自由自在做自己，还要演别人来满足他扭曲的心理需求，未免太累了一些！

有些男人不喜欢女人太花枝招展，因为占有欲强；有些男人则喜欢别人欣赏他的女友，喜欢炫耀，喜欢路人都羡慕自己，满足他的虚荣心。

你想成为他满足虚荣心的工具吗？相信你是个有内在的人，有足够的智慧来好好考虑清楚。祝福你！

先认错的就是对的吗

读者来信

我女朋友最近经常跟一个追求她的男生交流，而且表情暧昧，虽然她都说没什么，可是我在旁边看了，心里很不是滋味。没想到那男的变本加厉，还要约我女朋友一起出去吃饭，虽然他还有约别的朋友一起，但是意图真的太明显了，不过我没对她说什么。出门前我女朋友又接到他的电话，当时她一脸春风得意，我以为又是那男的（事后证明不是），就和她起了争执，她转头就走。这段时间她连一个电话也没打给我，虽然这事我有错，因为我爱吃醋，所以我也发信息道歉了，但是我女朋友难道一点错都没有吗？好歹也得跟我道个歉吧！

以飞说

讲错话不会下地狱，谁对谁错真的那么重要吗？你在意的究竟是怎么解决这件事，和你女朋友赶快和好，还是想讨论你跟女朋友谁错得比较多？事实上，我比较想知道的是：你还喜欢她吗？你现在想怎样做呢？想挽回还是分手算了？我想这也是你女朋友最想知道的。

说错一句话不会因此下地狱，你已经承认错误，就有机会挽回，重点是你想挽回这段关系吗？如果你不想，那就无所谓。如果想，我真心地建议你，感情不是是非题，如果只剩下讨论谁对谁错，就只剩下吵架了。因为各人的立场各有不同，都觉得自己才是对的。在争辩对错的同时，情人就会变成敌人，爱情这件事有时候是没有对错的！

举个例子，即使她在朋友面前说错话，引起朋友反感，你知道错的是她，还是会安慰她吧？你还是会说："没关系，不要哭了，不用太在意，还有我啊！我永远支持你！"不是说你包庇她，而是你们的关系是恋人，本来她期望在你身上得到的就不会是对错是非的评断。你所扮演的并不是法官的角色，不要去评判她的行为是否符合法律、社会道德等标准，而是站在她的男朋友立场，鼓励她，支持她，给她安慰。

然后在她心情平缓、不太难过的时候，委婉地和她说"其实你这样做是不对的……"找机会说明你的看法，让她了解自己下次应该怎么处理。如果你在那个时刻都不支持她，还有谁支持她呢？你应该是她最亲密的人啊，不是吗？

并不是女生吃醋就是可爱，男生吃醋就是小孩子气。吃醋谁都会，但吃完醋之后怎么沟通才是重点。你生气也有道理，要不是冒出一个喜欢她的男生，你也不会发飙失控，但你必须清楚地让她知道：问题在哪里？你在意的是什么？希望她怎么做？否则她不会知道你的想法，也许是赌气，也许是不好意思拒绝朋友，当然就会跑去和别人吃饭了，结果你又会往更坏的方向胡思乱想……那事情不是越来越糟糕吗？

不管是谁先退一步，重点是把矛盾处理好，关系恢复如初，何必在意谁先让步。再说了，对自己爱的人让步，有什么关系？跟最爱的人不需要那么计较，当两个人都不肯让步，硬要分个对错，爱情就卡住了。万一就因为这样而分手，你一定会后悔！

别再发信息了，想办法见到她，真诚地说一句道歉："我说错了话！是因为我太在意你，才会太激动，乱讲话。"接着一定要说你有多么在意她，希望以后不要吵架了！相信这件事很快会过去的。

没有人是圣人，谁都会犯错。爱她就是包容她，站在她的立场为她着想。她一定能感受到你的心意，也会包容你，为你着想。彼此都为对方想，你们的感情就会越来越好，越来越开心，不需要再来问问题了。

对女人的包容是一个男人最有男性魅力的表现。加油,多表现一点!

只要真心都可以吗

读者来信

我的年纪不小了，大家都在问我什么时候结婚，我也想结婚，却没有男朋友。我好想找个真心对我的男朋友。但是，看到身边有不少朋友遇到渣男，我也很害怕自己会遇到同样的事。这世界上到底还有没有真心的男人？如果有认识的可以介绍给我吗？

以飞说

地球没那么可怕！看了你的问题之后，可以很肯定的是，你是个真心期待一段感情的人，想谈一段认真的恋爱。问题是现在真心的人真的很少吗？我不认为。其实我觉得男人没那么可怕，绝大多数人还是真心地在谈恋爱，和你一样在找真心的人。那些把爱情当游戏来玩的只是少数,大家不需要过度敏感、忧虑。

不论男女,绝大部分人都希望认真地谈一段恋爱,重点是现在大家都很怕对方不真心,所以会设下很多心理防线,还常自我催眠说:"反正现在大家都不真心,那我也不要放太多真感情,免得受伤!"更有人会认为:"真心的人反而是最蠢的,我不要当那个蠢人!"

这种观念其实过于偏颇,我们女生不需要把男生都当作花心的、对恋爱随便的、只喜欢性不在乎爱的人,还是有非常多男生都很真心!不过话说回来,不需要过度防卫,也不能没有警戒心。

如何判断一个男生是否真心?我觉得有以下几点:

从朋友开始:认真恋爱的人常会对爱慎重,把爱情和友谊分得很开,其实从朋友开始观察是最棒的。一开始没有恋爱关系,男生容易在你面前展现自然的、真实的自己,那是最容易判断这个人对感情的态度如何,是不是真心对待。

层层过滤:有些人会认为一开始恋爱就要100%投入,一见钟情接着就是永远在一起,其实这是错误且不安全的。感情和植物一样,是逐渐生长的。两个人在一起的时间越久,相处越密切,了解越深入,就会变得越来越爱。在这过程中你必须不断地观察对方、了解对方,不断思考对方是不是你想要的人,而不是一开始就认定对方是真命天子,这样的浪漫太不切实际,也不够聪明!

越来越真心:好的对象绝对不是天生就跟你合拍,而是在相处过程中，互相磨合适应，让对方了解你在想什么、需要什么。单方面的付出叫付出，双方面同时付出叫作为对方着想，良好的沟通其实就是互相成长，也是互相确定，确定彼此的未来，让对方对你越来越真心。

不需要因噎废食，担心找不到真心人而裹足不前，不敢去爱。相反地，要积极地开拓，更别忘了做好保护自己的动作，你才能够追求到你想要的。千万别等到时间到了，找不到好男人，或只要是男人就好……

壹 读者来信：关于恋爱

情人加料不加价

读者来信

我们两个交往到现在已经快五年了，彼此都已经习惯对方的存在，但是最近厌烦的感觉越来越强烈，觉得很腻。看到别的女人也开始有心动的感觉了。但是我不想和她分手，因为现在我们就像家人一样，关系非常紧密。可是蠢蠢欲动的感觉实在强烈，既想维持现在的关系，又想要偷吃，我真的很矛盾。

以飞说

恋情到了一个时间，跟减肥一样，会产生"平台期"。因为没什么新的进展，所以会有想放弃的念头，但是又不甘心已经花了那么多时间，再说也有深厚的感情基础，不是说放就能放……到底接下来该怎么办呢？该继续还是要结束？在这种状况下最容易想出轨。其实想出轨是因为你还想保有这份感情，希望借由出轨当作调剂，可以找到宣泄的出口，然后继续经营这段感情，否则你早就提出分手了，对吧？

我们先不管该不该出轨，先假想一下出不出轨的几种状况：

出轨成功：因此以后每次都要借由出轨来调剂，那就百分之九十九会出事啦！要不是被现在的女友发现，不断争吵，导致感情破裂，就是出轨的对象改变心意，认真了起来，让你陷入两难。所以，出轨成功并没有办法解决你的问题，只会衍生新的问题。

出轨不成：这个状况更糟啦，没偷到就被发现，或是没出轨就被拒绝，心情更糟，问题也没改善。

忍住不出轨，变成鸡肋爱情：食之无味，弃之可惜。到了谈婚论嫁的时候，两人勉强结婚，婚后才发现感情平淡，只剩下柴米油盐。

断然分手，另结新欢：交了新的对象，一开始很开心，等四年、六年过去，又出现同样的问题。因为人在一起久了都会腻，再新的人爱久了也会变成旧的，失去新鲜感。

以上听起来没一个好的，倒不是吓你，而是帮你分析一下可能发生的未来。

你应该也很清楚你的状况并不是出轨可以解决的，而是必须直接去面对"现在这段感情很腻"这个问题，出轨只会产生新问题，旧问题并没有消失。我想你的问题已经够困扰你了，应该不想再添新的吧！

当然也有人寻求新鲜感，过了一阵子就换对象，爱的感觉没有对错，我倒觉得不需要用那么强烈的道德观去指责常换对象的人，只是你也必须了解，新鲜感和人不如故的两种关系各有优缺点。

新鲜的感情总是热烈的、浪漫的，散发着吸引力，让人兴奋有活力；而已经像家人的稳定感情则给人安全感、归属感，彼此深入的了解和长久的支持所建立的安全感不是新鲜的感情可以给予的。

你还必须面对最现实的现实：每一段新鲜的感情如果顺利的话，最后都会走到亲情、爱情都有的地步。

综合以上，建议你应该先想清楚：这个对象让你腻，纯粹是因为失去新鲜感，还是两个人相处起来并不顺畅，他／她并不是真正适合你的那个人？

如果是前者，建议你不要轻易放弃，最怕等到分开了才觉得还是旧爱最好！应该想办法改变两个人习惯性的相处，规划旅行、制造浪漫约会、制造惊喜……改变平常的相处模式，寻找新的感觉。

如果是后者，对方并不适合你，你只是为了想拥有这样一段关系而勉强维系，这样下去还不如趁早分开，因为犹豫带来的往往是更深层次的难题。

女朋友可不是客户

读者来信

我对一个女生很有兴趣,但是常常不知道该怎么和她聊天,每次说不到三句话就接不下去了。其实,我平常和朋友是不会这样的,独独遇上喜欢的女生才会这样。我真的很害怕继续发生这样的事情:那个女生觉得我很无聊,不再理我。有人可以教教我,让我变成社交达人吗?

以飞说

我十分同情你的处境,面对喜欢的人却没有话题的确很尴尬,我的建议是:可以在没见面之前先想一下话题,记下来,打好草稿。请不要笑!虽然有点简单,但很有用。许多人在工作上也会这样,打电话给客户之前、开会之前,都会先准备好怎么说,有的人还会先练习讲一遍。因为事先准备好,到时你就不会那么紧张。

话题其实是制造出来的,你可以观察身边很健谈的朋友,看看他怎么跟人聊天。多半会先丢出一个话题,看对方有没有接话,如果没有接话,就再尝试第二个、第三个话题,不要怕失败。

话题的范围涵盖很多,如她有兴趣的事物、新闻、你周遭发生的新鲜事、与她有关的新鲜事⋯⋯一般而言,人最关心的都是与自己有关的事,所以你可以从她身上开始想有什么话题,例如她喜欢某个明星、某个电影、某首歌,你就可以从这些说起,话题的命中率最高,对方也会相对比较感兴趣。

重点是平常你就要多留意与她相关的事,说穿了这就是一种关心。如果你喜欢的人爱吃咖喱,原本对你来说不常接触的咖喱就突然有了特别的意义,你会留心咖喱的各项信息,主动查询哪里的咖喱好吃,这样不但有话题可以聊,还能让她觉得你很关心她、在意她。

倾听远比说话重要!当你好不容易挤出一个话题,她有了反应,说了一两句话,这时你必须给予适时的反应:"嗯""对""啊""是噢""然后呢""后来咧"。一方面让她知道你有专心在听,另一方面引导她继续说下去。千万不要没反应、没回答,也没看着她,这样她会觉得很没趣,不想继续聊。

跟你说个秘密,每个女生都希望男生能专心听她说话,当男生专注地看着她，对她说的话感兴趣，她会觉得自己很受重视，觉得满足，觉得开心，久而久之便会越来越喜欢跟你说话。换作男生也是一样，我们都希望自己是最被重视的那个人。

很多男生最常犯的错就是不吭声。"你到底有没有在听？""有啊，我有在听，你怎么不讲了？"那是因为男生在这时候表现出一副无所谓、不在意的样子，让说话的人觉得被忽视，这样还有谁会想和他聊天呢？

如果你很喜欢她，还是要多培养共同的兴趣，这样自然而然就有共同的话题，她也会主动想找你聊天，也会有更多见面的机会。一起从事共同的兴趣，如去骑脚踏车、打球、唱歌等，想办法找出她有兴趣的活动，才是两个人相处的长久之道。

壹 读者来信：关于恋爱

女朋友一哭二闹三上吊

读者来信

我的女友是个十分任性的人，每次吵架的时候，都把分手挂在嘴边，好像分手没什么大不了，她好像并不在意这段关系。有好几次，我都已经气到把她送给我的东西打包寄回去了，但是之后她又会来要求和好。这情形已经太多次了。最近，她和前男友常见面，我很生气，她又提了分手。当然，后来她又跑来求和。我应该同意她复合吗？而且更气人的是，她常拿我跟她的前男友做比较！我常常在想：是我太小气，太在意这件事了，还是我太包容她的任性了？别人遇到这样的状况，会怎么做呢？

以飞说

用分手来当谈判条件，你的女友不是真的想分手，只是习惯用分手来当作条件，希望你做出让步，这种方式就像道德绑架。结果到最后你们仍没达成共识，也没有找到两个人面对分歧时的原则，没有解决问题，所以状况才会一再发生。

相信你很喜欢她，才会一再包容，但是不建议你继续用这种方式处理。有些事还是必须直接地和她沟通清楚，让她知道不能老是用任性的方式来获得她想要的立场，就算她这样很可爱，有一天你也会受不了。

请别担心对女生说出真相，跟女生沟通有个重点，就是必须让她知道你的底线在哪里！如果她真的喜欢你，也一定会尊重你。如果她连尊重都不懂，那你和她交往也不会有一个好的结果。

首先你要让她知道，要是继续动不动就喊分手，下一次就真的分手，不会回头。不要让她养成坏习惯，老是把分手挂在嘴上。

再就是必须让她了解你不喜欢她拿你和别人做比较，你不喜欢她和前男友联系频繁，这些你都可以明白地告诉她。

你是个好男人，懂得检讨自己，询问别人的做法，但我诚实地跟你说，每个人的界限不同，标准不同！有些人完全无法接受女朋友和前男友联系，有些人则是可以联系但不能单独见面，有些人则完全不在意……但这些都是别人，不是你。

你不用太在意你和别人是不是一样，不如坦然地面对自己：到底能接受到什么程度？完全不联络，还是不希望他们见面？

不需要为了把自己的标准调整到和别人一样，而默默忍受令自己不开心的事。应该更真诚地面对自己的感觉，坦白地跟女朋友说清楚。

其实爱情没有什么规则，不用管别人怎样，你只要和女朋友达成共识，两个人都愿意遵守，就可以了。

例如，你不希望她和前男友单独见面，那你也不会和前女友单独见面，你们都同意这样做，这就是你们两个人的规则，也是两个人的彼此尊重。

如果你不能接受，觉得想分手，那就分手，不必怕别人怎么说你，那是别人的事！

很多人都说男生要让女生，要多容忍，但我认为这不公平，也不需要！真正和谐的关系是彼此退让，互相包容。

总是只有一方退让包容，另一方却得寸进尺，并不是一段健康的关系。

朋友比女朋友还重要吗

读者来信

真不知道我这样是算什么，我们还在热恋期，只要朋友一通电话打过来，我男朋友就会马上赶过去，也不管我们有多久没见面，还是正在做些什么事情，他总是把朋友摆在第一位。好想跟他说我们就当朋友算了，这样拥有他的时间还多一些。可是当朋友应该是结不了婚吧，我好烦恼噢！

以飞说

想掌握一个男人的心，要先掌握他的朋友！朋友的关系比男女朋友简单多了，如果你只是想和他维持轻松的关系，希望可以常常见面，可以一起玩乐，那还是当朋友好了。当男女朋友的确比较难，需要频繁沟通，需要互相忍让，需要比朋友更多的包容和理解，需要战胜自己的占有欲、嫉妒心……非常不容易的，如果你真的想选简单的，我建议你不如就当朋友吧！

但我认为你会说：不是不想面对爱情里的困难，而是觉得自己被忽略，觉得自己对他来说不重要。不只是你，很多女生常会要求男生把自己放在他心中比较重要的位置上，要他排列顺序。"难道你的朋友比我重要？""你的家人排第一？那我呢？"事实上，友情和亲情、爱情只是不同类别的感情，都是人的必需品，根本不能比，就像上衣和裤子，是不一样的衣服，但都是人的必需品。如果硬要去做对比，一定要男生做选择，就容易造成冲突，势必把你们的关系往坏的方向发展。

事实上，你要做的不是拿自己和他的朋友比，你不要这样想，也不要对他这样说，而应该对他坦白心里的感觉，把你内心的失落和很受伤的感觉说出来，你可以问他："你是不是不喜欢跟我在一起？""你觉得和我在一起很无聊吗？"你应该针对问题诚恳地和他沟通，把"朋友"搬出来作为问题，反而容易让问题失去焦点，原本是你的感情受到了伤害，却变成了是对他的朋友有意见，很容易造成他对问题的抵触与反感。

在这种正常且真诚的沟通之后，他应该会考虑你的感受，理解你希望和他多多相处的想法，调整自己的时间，调整自己与朋友相处的方式，并不会因此不高兴，反而会开心。但如果你把朋友扯进来当作"问题",他就会变得不开心了,你自己也不开心,觉得被比下去,其实这根本是两回事,完全不相干!

你也要体谅他,你们交往还不久,他还在适应,平常都跟朋友一起,突然有了女朋友,时间的分配他还做不好,生活节奏可能都被打乱了。他的朋友也不习惯,会觉得平常在一起玩的人,现在怎么事事以女朋友为主,可能会笑他、闹他,让他不好意思。两个人刚在一起,本来就有很多事情需要调整。你要多给他时间,不要急着给他压力,也不要急着下定论,去否定自己。他当然是喜欢你的,否则就不会跟你交往了。而你一定也有他的朋友无可取代的魅力,才能晋升为他的女朋友啊,不要对自己没自信!

有个简单的方法,你可以和他约好见面的时间,例如每周六你们约会,周日让他有时间和朋友在一起,这种约定看起来很简单,但很有效。这样可以让彼此都能自由安排时间,更重要的是,会让他觉得你是个大方又有智慧的女生,会鼓励他和朋友见面,既给了他尊重,又给了他自己安排时间的空间。有时越限制越有反效果,你很大方,他反而会不好意思,甚至会反过来开始担心:为什么少见面你也没抱怨?是不是他在你心里不重要?

人性就是这样,很有趣,你越想黏他,他越想跑;如果你不黏他,他就跑来黏你。男生尤其容易这样。

加油!再给自己和他一点时间吧,放轻松,多找机会和他的朋友相处，多主动聊天，多微笑，多赞美，展现你的魅力，他的朋友一定会喜欢上你的！别忘了，要掌握一个男人的心，得先掌握他的朋友噢！

爱要多宣传

读者来信

我和男朋友在一起两年多了，和他在一起真的很快乐，所以对于他的要求，我一直尽量做到。不过，对于我的要求，他却不太理会，有时问他半天，他也只是装傻。我自认为是个懂事的女孩，从不会提出过分的要求，只不过希望他多陪我聊聊天、说些好听的话哄哄我、偶尔主动说爱我而已，又不是要他买钻石送我。为什么他都不懂我心里面的感受？

以飞说

男人要是真的懂，他就是女人了！你想要的都是比较精神层面的感觉，属于男人的短板。你和他，是敏感的女人遇上钝感很强的男人，那你真的很辛苦！

　　幸好，辛苦的不只有你，大多数男人都不懂女人要的是什么，辛苦的姐妹们为数众多，你不孤单。不过，这也不能怪男人，要是真的懂，那他就是女人了。

　　建议你不要用"感觉"去沟通，不讲模糊的心灵的话，而是用具体的行为去沟通，就像是马戏团的驯兽师一样，他做对了就多奖励，但做错了也要鼓励噢！重点是你要让他了解到错在哪里，即你想要的要怎么变成具体的行动。例如他不喜欢主动说爱，那你就让他养成习惯、每次见面就说爱你，变成一个习惯、一个公式。

　　如果你希望他陪你，那他该怎么做呢？如果你希望他哄你，那他该怎么哄呢？请具体地告诉他执行的步骤，并让他慢慢练习。避免用抱怨或责备，尽量鼓励他，而且要不断耳提面命，像是每次见面都提："你今天还没说你爱我呢！"你要多点耐心，男人总是有几条感觉神经忘在了妈妈的肚子里，女人只好发挥一下母性，帮他捡回来！

　　或许你会说：这些还要我教，那他算什么？你知道吗？如果很会哄你、很懂女人想要的感觉、很会应付女人的男人，通常就不会是守在你身边、对你好的男人了。人的很多种个性是无法兼备的，很会讲话的男生，自然容易跟女人聊起来，女人缘就好，当然桃花也多。你必须去理解你的男朋友是一个什么样的男人，去欣赏他的优点，而非一再放大他的缺点。这样只会让你更痛苦，也会让他痛苦。

如果你的状况跟我上面讲的不同，而是他根本就不想去了解你喜欢些什么，不想去配合你，不想做会让你开心的事。那么，问题回到你身上，他真的是你喜欢的男人吗？你为什么还要继续忍受他？

不管是什么状况，祝福你能够幸福！

壹 读者来信：关于恋爱

幸福不用排队，也不用抢

读者来信

我曾经跟一个喜欢的男孩子交往，虽然他对我也有感觉，可是后来还是因为他的初恋女友而分手了，他告诉我说是因为不想伤害我才和我分开。可是他跟别人的说法却是，只是为了跟我搞点小暧昧，没有想要维持长久的关系。因为他前女友是劈腿，而我只是他填补那段时间的备胎而已，等到前女友归位，我就被挤走了。现在他要去当兵了，我常常在想，自己是不是也应该积极一点，去争取这个男孩子，不过这样我不是成了第三者吗？真可笑，不是备胎就是第三者，难道我永远都没有成为正式女朋友的一天吗？现在的感觉是舍不得分开，又不想让自己对他有希望，这种感觉真的很矛盾。

51

以飞说

第三者跟备胎，一个是悲，一个是哀。差别在于，第三者是知情的、有意的，对他人正在进行中的恋情实施主动的干扰或破坏，和第三者交往的对象会被称为劈腿或者出轨。

备胎是进行中的恋情，某一方或双方有意地找寻第三人，企图放弃原有的恋爱关系或寻求新鲜的感情，通常备胎的对象也被称为劈腿或者出轨。如果原本恋情的双方同时寻找备胎，则不叫劈腿，而叫各玩各的。

在社会道德面上，备胎因为不知情，所以一般大多判"无期徒刑"，但及时醒悟的话，可立即"释放"；第三者因为是主观故意，所以直接"枪毙"，但是如果也能及时醒悟，会依据情节轻重予以酌情量刑。

但是重点不是究竟是备胎还是第三者，不管如何，你的这位前男友并不值得同情，因为他是属于"判死刑"外加"无期徒刑"那种，而且又执迷不悟，不愿负责任还玩弄你的感情，到最后胡扯一个理由说不愿伤害你……这个男人的德行是有问题的，他这样对你，就不叫作伤害了吗？好比说打了人还说很抱歉，我不是故意伤害你……

你要做的很简单，就是忘掉他，开始一段新恋情。需要提醒你的是，你不需要有任何不舍，因为越表现就代表你越在乎，他就会三不五时地撩你一下，然后你的情绪就随着他的节奏上下起伏。

不要害怕,幸福就在你走出来的地方,伸手就会获得,和你的距离永远只在你一步之遥!否则,你就等着被他的感情关到死,继续被他"囚禁"!

爱要有方法

读者来信

最近我的朋友常常抱怨,因为我都不跟他们出去,只跟男朋友黏在一起。但是我们才刚交往,当然希望天天在一起。朋友们就警告我说,太常在一起的话,小心感情很快就淡了,他也会容易觉得腻。但是又有人说,不常在一起,感情不易维持。这也不行,那也不好,拜托,我到底该听谁的?还有,我的男朋友是白羊座的,我该怎么做才能治得住"白羊"?

以飞说

黏不黏和分手没关系!感情变淡和是不是常常在一起是没有关系的。如果常常在一起使得感情变淡,那你们不适合在一起!

假设以后结婚了,每天生活在一起该怎么办呢?如果你们因为不常在一起而感情变淡,那你们也不适合在一起!要是距离可以轻易拆散你们,那这份爱也太薄弱了吧?

是不是很像绕口令?其实这是真话。

大家常把分手的理由归咎于在一起的时间长短,事实上分手的原因通常没那么简单,是各种综合问题导致的结果,不管男女都很少会因为单一的原因而想分手,但大家习惯把问题的原因归咎于是不是经常在一起,这个原因常被拿出来当作挡箭牌,所以你会听到两种完全不同的意见,有人觉得谈恋爱就是应该天天在一起,当然也有人持反对意见!

如果热恋中的两个人,明明是一天到晚都想看见对方,却因为害怕见面次数太多容易分手,就忍住不去找对方,或是仅仅是打电话给对方,这不是很没道理吗?谈恋爱不用那么辛苦吧!至于你说的第二个问题,如何治得住"白羊"?我知道你这样说是因为很喜欢他,害怕分手,但这样想就跑偏了。用控制对方的方式来谈恋爱,就变成了打仗一样。害怕会输,所以不停动脑筋想掌握对方吗?爱一个人干吗还得耍心机呢?这样不但很累,而且对白羊男无效,他喜欢率直真诚的女生,最好是很想他的时候就打电话给他说想他,想见面就去见他,因为他也同样单纯,讨厌和复杂、爱耍心机的人相处。

不分手的秘诀应该是用心经营,一方面多了解他,让自己成为他最佳的支持者,两个人变成可以无话不谈、分享一切的知心朋友。另一方面则要在你自己身上下功夫,做一个有魅力又有智慧的女人,用你的魅力来吸引他。不要花太多时间在患得患失上面,两个人的关系才能长久。

不要过于在意星座这件事,星座和其他人的看法一样,会对你们的感情造成干扰。用心去体会对方的感情和付出,同时在感情中学习承担你该承担的责任,这样的关系才更容易走得长久。

壹 读者来信：关于恋爱

爱不一定要原谅

读者来信

因为我劈腿，女朋友不愿意再原谅我，和我分手了。她离开我以后，我才发现自己最爱的是她。我想要挽回这段感情，我知道她心很软，之前两次劈腿，只要我道歉，她都原谅我了。可是，这一次她好像下定决心离开我，不愿意和我联络，也换了电话。我有她其他朋友的电话，也知道她上班的地方，可以找得到她，可是，我不知道她会不会原谅我。我该怎么做比较好？

以飞说

请问一下，你前女友有学佛或是其他宗教信仰吗？如果有的话，应该比较有机会原谅你。

针对你的问题，我所想说的并不是要如何协助你跟前女友复合，而是想要你想清楚：为什么之前要劈腿？是因为你的劈腿对象太吸引人，还是前女友好欺负，抱着一种"反正她坚定地爱着我，就算我劈腿失败，回头去找她，她也一定会原谅我"的心态？

如果你真是这样想，我想所有认识你的人，不论是朋友还是家人，都会讨厌你的。不好意思，听起来好像有点激动，但这是真的。如果你没想清楚，不确定自己想要的女生到底是不是她，不确定自己在感情方面到底想要什么，那恕我直言，即使挽回了也难长久，不如不要再去伤害她。

如果你真的想清楚了，确定她是你想要的，你会真心待她，认真对待感情，要挽回的方式其实很简单。只要你把刚开始追求她时所做的努力复刻一次，真诚地道歉，并且勇敢地承担起你的责任和义务，我想，她要原谅你的日子将不远了。

人，总是喜欢新鲜的东西，但是，我们所受的教育告诉我们，人有学习的能力，有自我克制和自我管理的能力，如果你连这个都做不好，当你面对以后生活中的问题和障碍时，又该找谁去负责呢。好好爱一个人，好好爱一个好人，让自己也做一个好人。最后祝福你，也祝福她！

壹 读者来信：关于恋爱

十个男人有九个爱说谎

读者来信

我和男朋友交往之前，彼此说好要坦白过去的感情史，他一五一十地跟我说了。可是后来，我发现他说的有两段感情在时间上重叠了，我怀疑他曾劈过腿，他又不承认。我质问他，他支支吾吾交代不清楚，说劈腿的不是他，他是被甩了，说法前后不一。我一直追问他，想搞清楚状况，没想到他居然恼羞成怒，说我爱翻旧账。我很讨厌男人的不真诚，因为我以前的男朋友也爱说谎，所以我们才分手的。男人为什么这么爱说谎？是故意在女人面前夸张吗？那为什么被发现之后又不敢承认？

以飞说

你说得对，男人喜欢夸张，被发现也不会承认，就像他明明喝醉了也会说我没醉，明明被老爸骂也不会主动在你面前提起，明明很痛也会说没什么。不过，你用不着这么生气，这不能算是他的错。

他会夸张是因为他想在你面前装英雄，表现出我很棒、我很强、我最受欢迎，好让你对他有好印象，相信他是最棒的。

这样的表现是因为他喜欢你，在乎你对他的看法。

他会恼羞成怒，不想承认也是因为想在你面前表现出最好的一面，不想让你觉得他是被甩了，让你觉得他劈腿（原本他认为前者叫法比较俗，所以自己默认选了第二种方式，没想到你不喜欢，于是他只好回头承认被甩，才会导致前后不一……）说穿了也是好面子，只是希望你觉得他很好，他做的都是对的。

其实你男朋友是个没心机的人，他没想到你会拿他说过的话去验证，忘了在逞英雄的时候把说过的话记下来，才会出现问题。如果是很有心机的男人，一开始便会编造出完美的谎言而不会让你发现。

我觉得你不用太在意这件事，倒是注意一下他其他的表现，是不是也爱说谎，欺骗你，不老实？如果是恶意的欺骗，那就要小心了；如果只是爱面子、扮英雄，你倒是不用太认真，可以开玩笑揭穿他，让他知道以后不用在你面前装，但不需要认真地指责他，希望他给你一个交代。

祝你们彼此坦承，相处愉快！

"钱"进幸福

读者来信

我有一个女性朋友，现在跟一个有钱的男生在相处。我问她：假如这男的有一天没钱了，你还会跟他在一起吗？她竟斩钉截铁地回答说不会，这让我觉得有点心寒！难道现在的女孩子是把感情基础建立在金钱上吗？如果我将来喜欢的女孩子也是这样的观念，那我应该跟她发展下去吗？我越想越担忧。

以飞说

爱钱一定是势利吗？爱男人的钱就是没良心吗？

你的这位女性朋友爱的真的是钱吗？我认为是钱让她有安全感，觉得可靠，觉得快乐，觉得幸福吧，她爱的不是钱本身，而是钱能带给她的。

大家常常只看到表面，却忽略了背后代表的意义。

我觉得在感情上每个人要的不同，但本质上都是一样的，说穿了就是"安全感"三个字。

每个人要的安全感不同，有的人的安全感等于24小时的陪伴，有的人的安全感等于一辈子的身心忠诚，有的人认为无微不至的温柔和体贴才能让他有安全感。

那你要的是什么？

我不知道，但明显和这个女性朋友不同，所以你们之间想要的交集很小。

你不必担心，以后你应该也不会和这样的女生交往，因为只有两个人要的是一样的，才会有火花，也才能有长久稳定的感情关系。

另外我想谈一谈：爱他的钱这件事，是错的吗？

平心而论，感情都是以利益为前提考虑的，不管是金钱、外貌、忠诚、温柔或是其他因素，其实都是一种对自身的利益考虑。每个人在做选择的时候，都会考虑：和他在一起会快乐吗？他能够带给我幸福吗？我和他在一起是不是很开心？他家人好相处吗？他有前途吗？他对我够好吗？经过重重筛选跟考虑，两个人可以见面，才会配对成功，这种本质说穿了是利益的结合。

这样说好像很现实，但却是事实，也是一种理性的思考。

你想想，如果跟她在一起，没有任何利益，都是吃亏和受苦，在她身上你得不到你想要的，不管是温柔的倾听、体贴的陪伴还是鼓励和珍惜……全都没有，你可以一辈子跟这样的人在一起吗？你受得了吗？

很多人喜欢把爱情美化，却忘了大家是活在地球上，感情的相处是很实际的，每天都在日常小事里发生，我们应该多点理性。

所以，不必过于偏颇地认为现在的女人现实、势利，只爱男人的钱。这是一个社会趋势吗？这个社会生病了吗？我认为都不是！

你应该学习如何看待这件事情的本质，而非用一种以偏概全的说法去扭曲误解。每个人为自己打算，并没有对错，这是人性。

在感情上，对于男人的社会背景和关系，女人会想得比较多。换个角度想，是不是男人也应该多想一些，考虑清楚自己想要的是什么样的女人。

另外，往好的方面想，跟这样的另一半在一起未尝不是件好事。如果你真的够爱她，反而更能激起你成功的决心和欲望，说不定你就是下一个郭台铭！

"讲理"的女人才不讲理

读者来信

我的女朋友工作能力很强,是个部门主管,个性强悍,手下的同事没有一个不怕她的。而且每次和同事争执的时候,就放话说,只要谁能在道理上压过她,她就会屈服。每次她说得云淡风轻,我可是听得提心吊胆,也一直劝她要改。不过她还是依然故我,认为她自己并没有错,是讲理的女人。每次出去,就像带个门神,我哪敢要她出钱啊!这种女人是不是早分手早好啊!

以飞说

没有女人是真正凶悍的!你说她的个性强悍,其实这要分清楚,如果单单是在工作上面强悍,那还好,至少不会带到生活上来,代表这个人情绪管理能力很好，是个值得信任的对象，这就恭喜你了。

如果她在生活上和各方面都很强势，那真的要多加考虑了，毕竟强悍的态度会让沟通变得复杂，容易发生争吵。

但我想进一步揭开强悍的面纱。

她为什么会强悍呢？可能是因为常被别人否定，因此养成态度强硬，据理力争，捍卫自己的立场。强悍其实是她为了自我保护所设置的一种防卫工具，她仅仅是在保护自己。

太认真执着，因为凡事太认真，所以很在乎对错，在乎自己是否正确，过于在乎"事"，因而对"人"比较不敏感，也就是人情世故上不柔软。强悍是她不自觉的态度。我觉得你应该观察仔细，找出她强悍的原因，才能更了解她，知道如何跟她相处，才能判断你们是否合适。

通常越说自己讲理的人，就越是不讲理，就像诚实的人不会一直强调自己诚实，道理相同。女人本来就难懂了点，再加上工作能力强，难免会更强势一点，职务上又是个主管，难度指数又有所增加。你劝她要改个性，她可能直觉认为：那岂不是要我不讲理吗？这跟她的处世哲学相违背，她自然不可能照你的话去做。

如果你换个方式跟她沟通，找出她听得进去的话，让她觉得你不是在否定她，而是在帮她，为她想，站在她这边，她应该比较能接纳你的意见。例如：不要试图跟她讲道理，这样会激起她的防卫心，也不要和她玩辩论比赛，这样会让她更觉得自己被你否定，更不要试图用想要改变她的态度跟她沟通，毕竟你也不想被人改变吧！

还有，我想跟你说句真心话，没有女人是真正强悍的，每个女人在内心都有一个温柔的所在，越是外表凶悍的女人，内心其实越温柔，越需要人呵护。

建议你再给自己和她一点时间，撕开她强悍的外衣，去了解她，欣赏她的优点，再来判断她是否是个值得交往的对象。光是用强悍这件事来判断，其实很不准确。

忍住不做爱，算好男人吗

读者来信

因为家教很严，我们家是不容许发生婚前性行为的，而他愿意配合，让我很感动。朋友们都说我遇见了一个极品，一个不需要性而有爱的男人，但是也有朋友强烈警告我，怀疑他是不是有点问题，哪有一个男生的下半身可以冷静到几乎不思考。我也不知道该怎么说，难道男孩子忍着不做爱是一件难得的事情吗？这样就算好男人吗？

以飞说

不能光用"一点"评断男人！阿弥陀佛，善哉善哉。我想这位施主可能刚好遇到了一位柳下惠先生，或许你会认为他没这么伟大，但是在我看来，就算不伟大，也算难能可贵。

忍耐虽然很难，但其实也不算最难。因为男人有其他的方式可以自我发泄，而且说不定他每天工作非常努力，累到不会去想。或是有其他方法可以转移注意力，或许他的需求本来就比较少……重点是外界的压力！要知道男孩子平常聚在一起，谈的话题并不一定是股票、工作或者生活，通常不是女人就是车子，像这样可以忍受来自同性朋友的眼光、嘲讽，甚至捉弄等压力，真的是很难得。

一般的男孩子不容易做到，因为当血液不是集中在脑部的时候，通常智力也不会集中在那部位，而且那部位也只会思考一件事。起码从这一点上看，他是很难得的。

至于他是不是一个好男人？我想光凭这一点并不能断定！充其量只能说他在这方面"尊重"女生，但其他的方面如何，还需要观察评估。

在所有的择偶条件里面，这一件事情并不能无限延伸来代表各方面都好，你还是必须睁大眼睛去看、去听、去注意、去了解，才能知道他是不是个好男人。我要强调的是，要整体而全面地考虑，就像吃饭一样，要营养均衡，全面地看待一个人，才不会后悔噢。

同情不是爱

读者来信

有一个男人在去年和前女友分手,是她提的,男人也答应了。分手之后,这男人喜欢上一个女同事,打算和她在一起。就在这时候,前女友要求和男人再见一面,见面之后她哭得很伤心,说想回来和他在一起。男人答应了,但心里很犹豫。男人对差点在一起的女同事说他不知道自己是因为同情、心疼前女友才答应,还是真的爱。女同事很伤心,但是没有哭。男人说他分不出来自己比较爱谁,但好像比较喜欢女同事。在分不出来的时候,男人是否都会选哭得很惨、好像没有他就不能活的女人?如果过了一段时间,男人会分得出来比较爱谁吗?

以飞说

爱情是掉眼泪比赛吗？

我觉得这个男人两个都不爱，干吗二选一呢？谁都不该选！

如果提问者是这位男主角，那么真的很羡慕你，还有机会可以挑。这世界上有很多人连一个都没有，你却有得选；就像有人吃不饱，你却烦恼不知道应该吃什么才好，典型的"何不食肉糜"。其实你是个十分富有同情心的男人，但是你错把同情当成爱了！

如果提问者是这位差点在一起的女生，现在会为了别的女人而放弃你的男人，将来也很可能因为同样的原因而站在别人那边，为别人着想，而不是站在你身边。你想要这样的男人吗？我觉得不是他选你，应该是你考虑该不该选择他吧！

像男主角这样有同情心的人，在感情世界里到处都是，他们不是叫痴情，而是叫滥情，他需要被需要的感觉，所以前女友的眼泪会让他觉得："她没有我不行！""她没有我可能活不下去！"这种很英雄式的恋爱，扮演拯救与被给予的角色，但是，这并不是爱。

在现实世界中，同情心很重要，对于社会有极大的帮助，对爱情却刚好相反，容易带来错误的判断。很多人常把"同情"跟"爱"混淆了，这两者长得太像，譬如说："她很需要我，因为我是她的支柱。"这句话乍听之下并没有太大的问题，可是她需要的是什么？为什么我是她的支柱？是这个男人自己这样认为，还是在经年累月之下造成"她"依赖你，没有你就不行了的状况。而只要她一需要你，你就必须出现？她把你当作问题的解决者，还是爱的对象？你们之间的需要与被需要是相对的吗？如果真的相爱，应该是互相需要，而不是一方偏颇地被需要而已。

回到这个事情的状况，为什么说这个男生对两个女生都不爱呢？前女友一直掉眼泪，拼命想挽回，于是答应复合，但心里不知道自己是爱谁，也不确定对前女友是心疼还是真的爱她。这很明显是同情！

男人对差点在一起的女同事说：我觉得我好像比较喜欢你。如果喜欢，为什么会选择前女友呢？这份感情不够强烈，否则他会心疼这个女同事，自己也会因为没办法跟喜欢的人在一起而觉得难过。

希望这位男主角能及时踩刹车，停下来想一下自己到底是什么感觉，思考清楚再做选择，才能做出对的选择，别让两个女生都陷入不幸的恋爱中。感情不是掉眼泪比赛，谁哭得比较惨就选谁。

也希望这位女同事能三思，再想想这个分不清楚是同情还是爱的男人值不值得你爱。

壹 读者来信：关于恋爱

每次出去都是我付钱

读者来信

不知道是不是年纪渐渐大了的关系，总是觉得男朋友的经济情况不稳定，让我开始有些危机感。和他约会吃饭，几乎都是我付钱，除非我说要他AA，否则他不会主动付钱。因为我担心他没钱用，也只好自己掏腰包，不想难为他。如果我看见一些喜欢的小东西，会给他强烈的暗示，但他也无动于衷，不会给我买。朋友聚会常会谈到对方送给自己多少礼物，通常这时候我都会借机岔开话题，因为他从没有送过我东西。我知道这不是衡量感情的标准，跟他在一起真的很开心，但是对于和他的未来我不敢想象，虽然经济上面我不会计较太多，但是他没钱也没房子，又是全家住在一起，眼看着我已近三十大关，这样的男朋友能成为未来的伴侣吗？

以飞说

这个谈恋爱的对象等同于结婚的好对象吗？我认为这是你遇到的最大问题，而不是谁付钱的问题。眼前最重要的是你们必须开诚布公地谈一谈，谈清楚你们对未来是否有共识。

问个核心的问题：他想跟你结婚吗？他跟你讨论过你们感情的未来蓝图吗？他究竟是打算谈一谈感情就算了，还是打算娶你？以上这几点，你必须先厘清。

其次，他对未来的规划是什么？这点你也必须搞清楚。现在工作不稳定的话，他有什么打算？想要如何改善，怎么发展？他对自己的工作和未来有没有目标？

如果是个有目标、有梦想，充满上进心的男人，那还是值得交往的。现在穷没关系，可以一起吃苦，但将来是有希望的，大家可以牵着手努力。

如果是个没上进心又没事业心的男人，什么都不打算，得过且过，不愿意努力，不想改善，凡事逃避……这样的男人你敢跟他过一辈子吗？换作是我，我不敢！

因为这些缺点不只会反映在工作、能力上，还会反映在未来生活中，发生事情不愿意处理，遇到困难不会保护你，这种性格很要命。

至于约会的付钱模式，你跟他说过你心中的芥蒂吗？建议你必须诚实地跟他说，说不定他没意识到自己让你困扰了，只单纯地觉得你赚得多，可以多付一点。

　　如果你们有结婚的打算，你有必要知道他的理财方式和经济状况，然后看是不是一起存钱，或是怎么规划你们未来的财务。经济是生活的基础，别说贫贱夫妻百事哀，贫贱家人、贫贱朋友都一样要面临很多无法解决的困难。

　　而关于他会不会为你花钱买礼物，这点牵涉他是不是注意到你给的暗示、洞察到你的想法。我觉得不是钱的问题，而是他是不是在意你，会不会想让你开心。建议你直接告诉他你的感觉，说不定他没注意到，只是认为他花钱的方式和你不同，不想把钱花在不必要的礼物上，而不是不想为你买礼物。

　　钱不只是钱，还牵涉很多价值观的问题，不同家庭背景的人用钱的方式差异很大，很多男女因为钱翻脸。建议你把想法说出来，和他仔细沟通。

　　别以为遇到钱就不好意思说，其实钱才更是应该说清楚的。

让我忘记你的脸

读者来信

我和她交往了大约一年，她长得非常漂亮，有很多男生追，走在路上也常被搭讪。我当初花了很久才追到她，在一起之后还不错，她很好相处。但是有一天，我不小心发现她的旧照片，却认不出来，才知道她原来整过容。以前她长得很普通，可以说有点丑，不过她只有整脸。其实她虽然整容了，但是看起来很自然，不说的话是看不出来的。但是，我心里还是觉得怪怪的。她好像也很在意，一直问我能不能接受。

以飞说

整容是高贵的情操。先小小抱怨一下，这个问题其实应该从两个角度来回答，不应该局限在男人的角度，女人的心态你也要了解，这样才会比较全面。而且看到你的问题之后，其实为什么要整形，答案已经很清楚了。

很多东西是天生的，尤其是外貌，这是父母给的。在过去想改变还不一定改变得了，现在方便多了，有万能的科技可以达成，让你想变成谁都有可能。

市场运行的原则是"供给"和"需求"，大家都喜欢看美的，那丑的人怎么办？这时候出现需求啦！整容的供给就自然产生了，如果大多数人不喜欢美好的事物，谁愿意在自己身上动刀又扎针！还要承受心理上的痛苦，担心被熟悉的亲友嘲笑，还要害怕被未来的男朋友知道，担心他因此不爱自己了……难道你不觉得这些人的勇气十足，不畏苦痛艰难，这种情操很高贵吗？

根据你的说法，她是一位非常漂亮的女生，又跟之前差非常多，难道不应该给她更多的爱跟鼓励吗？

如果你真的喜欢她，应该告诉她"你不介意"。

说到这里又得小抱怨一下，因为你说"只有整脸"，言下之意是说胸很平吗？男人的心态真可爱，希望要有林志玲的脸、绫濑遥的胸，要女孩子美若天仙，波涛汹涌，又希望是天然美女、毫无雕饰，不经加工、无添加，标准很严格啊！这位先生，请问您是牛津大学毕业、微软总裁，还是好莱坞巨星？

你的女朋友可以忍受皮肉痛苦，动刀动针地来让自己变得更美、更有魅力，那你是不是应该拼一下，不管是在事业还是外表，也给人家对等的回应呢？

壹 读者来信：关于恋爱

他很好，只是爱劈腿

读者来信

我和男朋友交往六七年了，当初自己不小心，没保护好自己，怀孕了两次，都拿掉了。最近，我又怀孕了，很想生下来，因为现在年纪也不小了，怕将来没办法再怀孕，幸好男朋友也希望我生下来，没有要我拿掉。可是他一直都很享受谈恋爱的感觉，常常劈腿。不过他真的对我非常好，除了爱劈腿，其他都很好，是个好男人。我真的很爱他，所以每次他一回来认错，我就心软了。有谁能告诉我，到底怎么样才能让他安定下来呢？我真的好痛苦！

以飞说

他会劈腿，是你纵容他！有一个人身体很健康，只有一个小小的缺点，那就是他没心跳了……你觉得这个人怎么样？

听完这个例子，或许你会认为我疯了，但是你自己面对的问题不也一样吗？一个你所谓对你很好的男人，"唯一的缺点就是花心爱劈腿"而已，试问这和上面那个例子有什么两样？

问题的原因，百分之三百在你自己身上，包括你的男朋友会花心爱劈腿，都是你一手造成的，因为你的宽容，不，应该说是"纵容"，让他认为自己面对女人有一套，左右逢源，很吃得开，即使劈腿一百次，只要回头找你，你总是会原谅他、接受他。

他爱你吗？不，应该说他依赖你，需要从你身上获得满足与成就感，吃定你的心软，把你玩弄于股掌之间，如果这样叫作爱，那这种爱宁可不要。

六七年的时间并不算短，之前也有过两次怀孕的经历，事实证明你男朋友不会因为有小孩而收敛心性。这样说并不是要你拿掉小孩，而是想告诉你，如果你生下这个小孩，那你们的家就变成了托儿所，一个小孩加上两个没长大的小孩，因为过了那么多年的时间，都没有让你和他成长，还是跟小孩子一样！

所以，你必须学会成长，两个人之中一定要有人先跳出这个循环，这件事情才会结束，你才不会再痛苦。

是不是应该留下小孩，我认为你该自己决定，而不是听你男朋友的，因为他根本没办法负责照顾好你和孩子。光是照顾你，他都做不好了，让你痛苦难过。你不用指望这个小孩会让你们的关系产生多大的帮助，以为生下来他就会永远守着你！

建议你把孩子和他分开想，若是你有能力，可以照顾得了孩子，当然可以留下来。至于他，建议你冷静理智地想一想：是否要和他继续在一起？如果不想痛苦，现在就喊停，还是再给他最后一个机会。如果他再劈腿，你百分之三百绝对离开他！

但是先提醒你，如果你下了第二个决定，就要做到，否则他永远会劈腿，不会停！

请想想你活了那么大，读了那么多书，可不是只为了让他玩弄！也请想想你的家人，想想那些爱你的人，别再让一个幼稚不知长进的人，不断伤害你和你身边关心你的人。

忘记、放下跟转念总是很难的，但是眼下的你，最需要这三个"好朋友"。

希望你早日脱离苦海，找回幸福！

想分手却不想伤害她

读者来信

我有一个稳定交往中的女友,可是最近我想分手。但是我先声明一下,我们两个还是彼此相爱的,因为我发现我们彼此之间的心灵无法交流,这样结婚之后势必会产生摩擦,所以我才想要用最不会伤害她的方式和平分手,才不会耽误她。为了这件事我查了很多书,也问了很多人,都没有一个答案。所以想请教达人,指给我一条明路吧!

以飞说

分手也是一种爱!看了你的问题之后,让我联想到其他几个问题。和你提出的问题属于同构型系统,这里提出来给你做参考,例如：如何不呼吸而能活下来，如何用两条腿三小时横渡太平洋，或是简易石油 DIY 批量致富等之类的问题，都跟你问的很像。

别怪我开玩笑（再次声明我真的不喜欢开玩笑），是你的问题本身真的很像开玩笑，所以我忍不住。回归到问题的本身，其实充满了矛盾，怎么可能提出分手不会伤害对方？除非你们对彼此都没有情感，可是你又说你们之间还是相爱的……这可是今年最好的推理剧题材。

我不知道你想分手的真正原因是什么。不过，明明想结束，还要表现出对她的关心，舍不得伤害她，让人有点忍俊不禁。

我想这一切都只是借口，你只是没有勇气说分手，而不是真的不想伤害她！或许你会觉得我断章取义，又不了解你们的状况，还敢这样说，但是很抱歉，这是我的直觉。因为从你的问题里我实在嗅不出爱的味道！

说了一堆，应该都不是你爱听的，但我是真诚的。根据你说的情况，两个人分手却不伤害她是不可能的。你自己要想清楚：是否已经确定不能够在一起，确定已经走到了该分手的时候？如果你很肯定，不管原因是心灵交流还是肉体交流，那都是你的事，跟别人无关！分手可以有原因，也可以没有原因，什么原因都不重要，合不合理也不是重点，重点是你觉得你们无法相爱了！那么，你作为恋爱的当事者，当然有权利说不再爱下去。

或许你想找出一个可以说服她的理由，事实上你不用说服任何人。你只要表明分手的立场,以冷静理性的态度跟她好好地谈。

　　分手一定会伤害她,但你可以把伤害降到最低。若不想继续,分手也是不再继续伤害你们的爱情。若无法身心交流,那么分手也是一种爱,让你和她都自由!

壹 读者来信：关于恋爱

笨男人就是好男人吗

读者来信

男人太聪明就花心，为了安全起见，我选了一个笨男人。不太会赚钱没关系，不会甜言蜜语也没关系，性格老实，安稳一点就好。但是没想到他也太笨了，交代他十件事情，可以搞砸十一件，不会理财又经常被朋友带偏，开车在路上遇到纠纷，完全不知道怎么处理，躲得比我还快！虽然他真的很老实，对我也很用心，可是也太无能了吧！难道我只能跟这样的男人生活吗？

以飞说

省小钱却花大钱。我觉得和这种男人交往，就像省小钱却花大钱，得不偿失！

女人总以为好男人太难找,既然长得帅又聪明、有钱又不花心的男人找不到,那么就退而求其次。退来退去,可是年纪到了,耐心也消磨得差不多了,就会对自己说:"没关系啦,只要他对我真心就好,其他的都不重要。"

这个其次的结果就是滥竽充数和自我催眠:"这男人虽然没什么优点,但起码未婚,身世清白。""这男人虽然笨一点,但还算老实。""这男人虽然不是首选,但也还过得去……"

我们不但自我催眠,也被别人催眠。长辈、身边的朋友也在帮你洗脑:"别挑了,男人这样就够好了!"

于是你只好发挥自我说服的能力,游说自己来接受他。

不过这种状况往往没什么好结果,如果两个人的恋情必须用"忍受"做基础,用"还可以接受"来混日子,是没有办法长长久久的。

我们不去讨论你男朋友的行为到底是笨还是幼稚,又或是能力不足,毕竟和他相处的是你,你应该最清楚他,也最清楚你自己会不会欣赏他这样的男人。

当他身上没有你欣赏的优点,却有一堆你讨厌的缺点,即使那些都是小缺点,累积起来却会扼杀你对他的爱。

如果还不明白的话,多举个例子:你会买一件你怎么看都不喜欢的衣服吗?你会一天到晚把这件衣服穿在身上,对它爱不释手吗?我想不会吧!

壹 读者来信：关于恋爱

所谓喜欢和爱，应该是你在他身上看见美好的、令你向往的、让你开心的气质，而不是一堆你不认同的、讨厌的、无法忍受的。建议你还是仔细想想到底喜欢他什么吧，更要想想你是否能跟这样的男人相处一辈子。

还有，你有必要这样委屈自己，用"忍受"来形容你的爱情吗？

爱不说不算吗

读者来信

我喜欢一个女生快一年了,除了没有对她表白,其他该做的都做了。接她上下课,陪她去逛街,对她好,送她礼物。两个月前,我最要好的朋友和我们一起去烤肉,因此认识了那个女生。最近我发现他讲电话时怪怪的,问身边的另一个朋友才知道,我最要好的朋友居然趁我不注意向那女生表白,把她追走了!现在两个人已经在一起了!我真的好意外、好难过,没想到会被最要好的朋友出卖。难道追女生一定要先表白,才会成功吗?我对她近一年的付出竟比不上一句表白的话!难道爱一定要说出口,女生才能感受得到吗?

以飞说

换作是我，我也选那个主动表白的！所谓灯不点不亮，话不说不明。

你看过有人站在柜台前面，左右张望，讲些不着边际的话，就能买到自己想要的东西吗？明明想要买的东西只剩一件，却什么都不说；直到被别的客人拿走，才来怪店员不懂他的心，害他想要的东西被买走……请问你见过这种事吗？

跟你的状况很像，你心里想什么，女生并不知道。别怪女生总要男生把话讲明，其实这都是男生造成的。太多男生喜欢搞暧昧，让女生猜来猜去。女生天生就比较敏感，所以很容易感觉到男生对自己有好感……但是有时雷达太过敏锐，便担心自己是不是想太多……"你觉得他这样对我，是什么意思啊？他是不是喜欢我啊？""会不会他只是把我当朋友，还是我自己过度联想、自作多情？""他又没说喜欢我，还是等他表白吧！"女生之间常有这种对话，用来猜测男生的想法。

很有可能，你喜欢的那个女生也曾经这样猜来猜去，想知道你是不是喜欢她。但是你却没有说出来，恰恰这时候你的好朋友率先占得了先机。

在觉得这两个男生都不错的状况下，女生当然会选择那个主动表白的。

因为不用再去猜了，猜来猜去是件消耗精力的事情。当女生收到明确的表白，当然会选择主动表白的那个男生。在女生的心里，也会觉得愿意表白的那个男生应该是喜欢自己比较多吧！女生常常会这样考虑问题。

不是"陪伴和时间"比不上一句话，而是那句话表达出了明确的态度。那句话对女生而言不只是一句话，更是代表男生的决心。

至于你的朋友，不清楚他是否了解你喜欢这个女生这件事，也不知道你们友谊的状况……这需要你好好地跟他沟通一下。

当你面对这种情形，先要想清楚还要不要和这个朋友继续交往。如果你觉得有必要，就需要调整自己的状态，慢慢接受他们的关系。如果不准备和这个朋友继续保持关系，那不妨找个机会私下问那女生知不知道你喜欢她。搞清楚她的心意，或许还有机会。

当朋友变情人后

读者来信

我和男朋友在交往前是无话不谈的好朋友。因为这样,所以我们才会在一起,但是没想到关系的改变,导致感情也跟着产生了变化。自从确定关系之后,他会有意无意地问我前男友的事,我也都坦白地说出来,没想到他听完就开始吃醋,当场臭脸,弄得我不知道该怎么办。后来我叫他别再问了,他却执意要知道。过去的感情,既然是过去的事情,难免掺杂着不愉快。不过为了应付他,我也只好避重就轻地和他说。他一再追问,有些事我只好隐瞒,到最后变成好像我在说谎,很不喜欢这种感觉!我真的很想知道该怎么和他沟通,毕竟再亲密的关系也希望保有一点隐私,要不然三天两头就为这事烦心,感情也不会持久!

以飞说

男人想知道的不是你讲的！当男朋友追问你过去的感情，该怎么回答？我觉得"坦白诚实"和"隐瞒不说"，都不是太好的方法，反而应该说他想听的话！

你要了解你男朋友的心态，为什么会疯狂追问？为什么会吃醋？真的想知道你过去和别的男人巨细靡遗的爱情吗？不！他是想从你口中得到答案：他是否比你前男友好？你跟他在一起，会不会比过去幸福？

这是一种比较的心理，也是一种占有欲的表现，更是希望得到你的肯定。

所以重点不在于你和前男友如何如何，而是"你和他"，男主角当然是他。你对他满不满意？你是不是最喜欢他？你觉得他和前男友比起来，有没有比较好、比较棒、比较强、比较适合你？我认为前男友的心态其实是这样的。

反过来，女孩子也一样，当你追问男朋友过去的感情，也是希望在他口中得到你最好、你最棒、他最爱你的答案，而不是真的想知道你男朋友有多爱"她"。

建议你往这个方向发展，隐恶扬善，拿出他的优点来讲，正面地鼓励他："你和我之前的男朋友比起来，我觉得你比较体贴，会在意我的感觉。这也是我喜欢你的原因。"这样的方式，肯定会获得他的信任。未来，他也会对你更体贴。

至于他的缺点，不是不能讲，而是要有技巧。你可以先说他的优点，然后委婉地表达真实的想法："你比我的前男友好太多了，什么都比他强，只不过有一点……你还得努力一下下，就是你比较不浪漫，除了这点，你样样都赢过他。"先肯定，再提出小缺点来点醒他，让他知道哪里需要改进。

我觉得这是恋人之间的沟通技巧。

并不是恋人之间不能坦白、诚实，而是恋人的关系和朋友毕竟不同！你不会在意朋友去哪里不跟你报告吧，但你会在意男朋友让你找不到。两种关系不一样，不能拿来做比较。

因为他很在意你，或者应该说，他最在意的人就是你，所以最希望能得到你的肯定，最希望能知道你的过去，了解你的每一件事。

你知道吗？当有人很渴望了解你的全部，那是一种幸福。

当然，保有隐私也很重要，有些话不想说，可以不必说。但建议不要用那么决绝的方式，如："这是我的隐私，请你不要碰！""这条界线，请你不要跨越！"

理论上，这样当然没有错。但试想一下，这样的说法是不是等于告诉他：我跟你之间保持这个距离就好，别妄想进入我的内心！换作是你，会不会觉得难过，你的男朋友好像把你当外人！

人当然可以有自己的秘密，恋人之间肯定也需要各自的空间，这些都是可以理解的，但在表达上，要注意将心比心，不要把一些话说得无情又伤人。

再一个需要提醒你的是，不要跟情人说道理，沟通的过程也是一种将心比心。如果他真的爱你，便会试着为你着想；如果你真的爱他，也该学着站在他的立场思考。两个人都为对方设想，就会产生良好的沟通，并不是互相说服，也不是要谁听谁的，想法不同也没关系。更重要的是，沟通是长期的累积，无法速成。

你之所以会觉得他比过去当朋友时难沟通，是因为你们的关系改变了，所以需要沟通的事情变多了、沟通频率变高了，而且你越来越希望你们的看法是一样的。

请对他多点耐心，多点温柔，相信他会感受到你的用心，也会用同样的心意回应你。我觉得这就是爱情。

壹 读者来信：关于恋爱

好朋友胜过女朋友

读者来信

我不太擅长应付男朋友的朋友们，偏偏我的前男友却很喜欢询问朋友对我的看法。他会这样做，大家应该知道结果如何了？虽然我也是拼了命地讨好他那群朋友，可是结局却很惨，总会有那么一两个不喜欢我，于是我就出局了，男朋友开始疏远我，和朋友出去也不再找我陪。到后来，他居然为了这个事情跟我提分手，说是他的朋友不喜欢我！为什么？我要结婚的对象又不是那群朋友，凭什么要让他们来评判我？又没规定当人家女朋友还得要顾及男朋友的朋友们？真不知道前男友怎么会这么没主见，只会听朋友的话？要真是这样的话，他为什么不跟那些狐群狗党结婚呢？

以飞说

谈个恋爱还要听兄弟的,算是男人吗?你的问题还真多啊,可见你真的很在意这个问题。

每个人都有自己的社交圈,当两个人开始交往时,就必须进入对方的社交圈内,就像是两个圆慢慢交集,但毕竟你是你,他是他,没有办法重叠变成两个同心圆。他的朋友中一定会有不能接受你的,你的朋友也未必都喜欢他,有时候再努力讨好也没有用!

先说说男人的心态吧,或许是说人的心态更为准确。不管男人或女人,都会在意别人的看法,不可能有人完全不在意的,只是程度不同而已。

尤其是朋友的看法,毕竟他的朋友认识他在先,你跟他交往在后,他很自然会想知道他朋友对你的看法,他的朋友也会很自然地给予意见。这就像女生谈恋爱也都会问闺密的意见一样,并没有男女的差别。

要说有差别的话,区别在于你前男友自己身上。

每个人在意朋友的程度不同,听信朋友意见的程度也不同,你前男友算是比较严重的一种。如果真如你所说,他显然是个没有主见、以朋友的意见为意见的人,他不但没有认真地思考自己的想法,更没有在他朋友面前为你说话。

这种人缺乏主见,没有思考与决策能力,简单来说就是随波逐流,以别人的意见为意见,老实说,分手了也好,不要觉得可惜。

对任何事情都需要加以思考、判断，再做出决定，并且为这决定负责任的男人其实很多。建议你不要过于执着过去的事，而把其他男人全拉下水了。

祝你可以找到一个真正会为你着想的男朋友。

我爱你，但是不爱你的习惯

读者来信

我的男朋友原本有抽烟和打游戏的习惯，但是因为我不喜欢，所以他就戒了。可是这几天他却跟我说突然好想抽烟，还问我会不会因为抽烟而影响我们的交往。我说当然会。然后他就委屈地说为了跟我在一起，连唯一的嗜好也没了。是不是因为不够爱他而不能容忍他的嗜好？可是我真的不喜欢他的那些习惯，满嘴的烟味和不知节制地打电动。但是看着他认真的样子，我担心他会不会因为这理由跟我分手。

以飞说

爱他重要还是他的生活习惯重要？老实说，一样重要！

如果你能找到一个生活习惯跟你差异较小的人，摩擦会比较少，相处也比较容易。如果你很爱他，那就必须在生活习惯上多花点时间沟通，做好包容的心理准备。这不是选择题，没有办法二选一，我认为这是一个共识题。

我认为你男朋友并不想分手，单纯只是想要抽烟和打电动罢了，这两个习惯是很多女生不能忍受的，其他女生也有这个问题，觉得自己的地位比不上抽烟和游戏。接个吻怕异味，游戏打多了，又觉得自己被晾在旁边不被重视。不幸的是，很多男生"唯一"的兴趣就是这两件事情。

当然，还有别的习惯是女生没办法忍受的，不过在交往初期，男生往往会为了讨女生欢心，努力地改掉一些女生不喜欢的习惯。不过，你们俩毕竟不会一天二十四小时都黏在一起。那些你不在身边的时候，他难免又会怀念起或习惯性地想回到自己原来的生活习惯。

人是习惯的动物，要改掉一个生活习惯不是件容易的事。他会主动跟你说想戒掉抽烟和打游戏，是因为爱你，希望你开心。但真正执行的时候，又发现很难，才会回头跟你讨价还价。说句公道话，你应该多给他一点时间，鼓励他、帮助他改掉这些习惯，而不是直接跟他说有可能因为这样就跟他分手，这样他会觉得你是在威胁他，便武装自己，跟你说如果你不愿意让他继续做，他也会考虑跟你分手。

这是干吗？两个人在耍狠吗？有必要这样吗？

两个人相处其实是需要找平衡点的，你的每一个生活习惯他也不见得全都喜欢。如果是为了抽烟和打游戏，你要和他分手，将来你也会因为其他的生活习惯而和其他人分手。因为没有两个人的生活习惯是一模一样的，也不会有哪个男生的生活习惯你全都喜欢。

但是话说回来，如果他的这个生活习惯你真的完全不能忍受，没有商量的余地，那还不如趁早分手。

每个人对生活习惯的忍受程度不一样，这个是很主观的行为。有的人觉得偶尔抽烟没关系，有的人却完全不能接受，每个人的标准也不同。在这一点，你需要跟他沟通清楚，到底你的接受程度如何，界线在哪里，也让他自己下判断要不要进行改正。

如果他想要真正的自由，那劝他不要谈恋爱，没有人在恋爱里不需要一点点的退让和忍耐。

之前我说这不是选择题，是共识题，建议你还是跟他多进行一些沟通，所谓沟通就是两个人说清楚，谈出一个两人都可接受的解决办法，达成共识。如果一直忍受，不管是他忍受你还是你忍受他，时间久了都会出问题。一味地忍让只会让问题爆发得规模更大，我想你也不希望这样！真诚地沟通，把问题的核心讲清楚，倾听一下他的意见，两个人一起商量，找到共同的相处模式，每个生活的小问题都有可能迎刃而解。

壹 读者来信：关于恋爱

我是你女朋友，给我 VIP

读者来信

女人真的都这么爱生气吗？让人非常愤懑，就连说个话都要小心翼翼，我又不是骂她，也没飙她脏话，平常跟朋友说话就是这个样子，也没特别大声，她就嫌我不够温柔，还好她是我女朋友，要不然我早就翻脸了。她常说我不应该用和朋友说话的方式对她，应该轻声细语，温柔一点。谈恋爱真的要这么麻烦吗？我最近常常在想，是不是该去找一个不会这么麻烦的女朋友？

以飞说

女人要的是差别待遇。我想没有一个人的嗜好是喜欢生气吧，应该也不会有人的兴趣或专长是生气。你的女朋友一定也不爱生气,她会生气是因为觉得受到了伤害。

不管那些话是你还是你女朋友说的,都不是什么甜言蜜语。或许说者无心,但听者有意,敏感一点的人听了就会想很多。不过,别认为是你女朋友太敏感,所有的女生都一样,都喜欢温柔的男生,没有例外!

或许你认为干吗为了女朋友改变自己,这样很辛苦?女生都这么小心翼翼,很容易受伤害吗?那跟女生交往很辛苦……换一个女朋友会不会好一点?

跟你说,并不会!谈恋爱就是会累,女生就是和男生不一样,很细腻,很柔软,很女性化,所以你才会喜欢她不是吗?如果她跟你一样雄壮威武,动作大大咧咧的,还会长胡子,你会喜欢她吗?就是因为两个人不一样才会互相吸引,所以也要互相容忍。

但跟她交往也不是没优点,对吧?谈恋爱也有很多好处,很多令人开心的地方。总不可能只享受好处,那些坏处"什么失去了自由、讲话要小心、不能每天和朋友出去"等都不要。这样的话,只能跟机器人交往了。

其实,只要了解她的心态,就不必要搞得那么累,毕竟女生都喜欢被哄,听好听的话。所以,只要她一生气,你就要轻声细语,跟她撒娇也没关系,讲一些让她觉得你很爱她的话,她就不会生气了。

并不需要战战兢兢,只需要牢记一个原则,就是温柔、温柔、温柔……

　　两个人相处，本来就要互相调整对待的方式，或许眼前你不习惯，就像租来的车跟自己的车，我想你的对待方式应该也不会相同吧？对女人也是一样，总要有一些差别待遇，朋友、女性朋友、女朋友毕竟是三种不同的等级，我想这种差别待遇就是她想要的吧！

爱我不必十项全能

读者来信

我想追的女生会开车，自己开车上下班，可是我还是摩托车一族，没有汽车驾照。我已经报考驾照了，但是还有一段时间才能拿到，很害怕让她知道我的状况！我想问的是，如果女孩子知道自己的男朋友不会开车，会不会很丢脸啊？

以飞说

英雄救美是每个男人的希望，也是背负的一种压力，想象一下，如果一个男人被女超人一把抱起来给救走了，这个画面真的很不好看！还好那只是电影里面的情节，我们生活在现实中，所以要想得实际一点。

告诉你真话,女孩子当然喜欢男孩子什么都会,最好是又会赚钱,又会做家务,任何美食、美酒、摄影、绘画、居家装潢等生活品位也能懂。室内修缮、机器维修、计算机程序也都会,还有最好能懂得法文、德文、西班牙文等数种语言,英文、日文当然也要流利。差点忘了,运动也很重要,各项球类运动、短跑、马拉松都要擅长,女人喜欢运动细胞强的男人。

问题是:你是超人吗?

很多能力有先天上的限制,每个男人都不是超人。

我知道你会很在乎,应该是说只要是男孩子都会很在乎,女孩子会做些什么而自己却做不到,会有点自卑,感觉被瞧不起。但是,有那么严重吗?真的别想太多了!请成熟理性地去面对这些事情,没汽车驾照并不代表什么。你也说过了,不用过多久,你也会有,不是吗?

以一个女孩子的立场偷偷告诉你,像你这样子,女孩子不但不会笑你,还会更爱你,因为你会想要积极地去证明你自己。不过就算做不到的话,也不用勉强,基本上女孩子会开车就代表她不喜欢依赖别人,通常她的思想会比较独立,所以你该担心的是,如何让自己更成熟、更有担当,而不是只担心有关方向盘的事。

分手不痛就是爱得不深吗

读者来信

最近从别的朋友口中听到,我的前男友和我分手才三天,就开始在相亲网站上物色对象。这样是不是表示他以前从没对我认真过?还是只有我是傻瓜,都已经过了好几个月,还在祭奠这段感情?为什么他能做得出这种事?

以飞说

既然已经下车,就别管车子开去哪儿!两个理由提供你参考:A.他一点都没爱过你,所以他急着物色新对象。B.他太爱你了,所以要冲淡对你的思念,赶紧开始新恋情,疗伤止痛。

请问你喜欢以上哪个理由?

不管是哪个理由，我想你都不会开心。既然分手了，一定是经历过一些事情，看来你是真的非常在乎他，要不然不会对他的一举一动如此在意。应该说你对这段感情付出很多，而自己在为此疗伤之时，却发现他已经开始准备下一段感情了。说真的，任谁都会受不了，可是又能如何呢？

或者应该如此解读，既然分手就是一段恋情的结束，已经结束了，该在什么时候开始都已经不重要了。

给你一个真诚的建议，那就是"越在意越痛苦"。我想你的前男友应该是参透了这个奥义，所以他现在才能刀枪不入，如鱼得水。而你呢，其实都已经分手了，计较再多也无用，就像一开头所说的那两个理由一样，真的是多说无益、多想无益。打个比方，你都已经下车了，还要管这车往哪里开吗？还是好好思考自己下了车之后，是想走走路冷静一下，还是想改搭另一部车，你说是吧？

爱可以试试看吗

读者来信

原来和他只是普通朋友，应该不会有发展感情的机会，所以大家也没什么好互相防备的，没想到他却渐渐透露出喜欢我的意思。其实我根本就没这样的想法。但是回头想想，我们两个都是单身，是不是可以试着交往看看？可是我又担心，我和他不会有好结果。抱着试试看的想法，是不是会对他有些不公平而伤害到他呢？假如恋情失败了，会不会连朋友都没得做？

以飞说

爱情可以试试看吗？这是一个好问题。化妆品有试用装，汽车有试驾，连塑身美容都有体验券，但是爱呢，可不可以试爱？

我想你和我一样，都知道答案。以上所举的都是商品，都是被制造出来的，都有可能复制出无限个，但是爱情并不是商品，无法被大量复制，也没办法试试看。

自己没办法想清楚是不是真的喜欢对方、不确定自己要什么、怕这段感情没结局、怕自己被伤害才会想试试看。其实抱持着这样的心态，不管跟对方是不是有达成协议，都是一种对自己的感情不负责任的态度。

在感情里，两个人的相处是需要真诚的，如果有一方抱持着"试试看"的心态，那就不叫谈感情了。这样跟演戏有什么两样，这种虚伪的感情有谁想要，如果你是那个被试试看的对象，感觉应该也不会很好。

好像看到路边有一条蛇，怕被咬，所以砸几个石头试一下……如果它想咬你，就赶紧转身逃跑；如果不会咬人，就当作没这回事，假装没看到蛇。

爱情不是蛇，不会咬人的，不用专门砸一下。

说穿了大家都怕受伤，但是我想送你一句话，那就是：假的感情用力爱也会成真，真的感情随便爱就是虚伪。所以建议你，别试了，有感觉的话就投入，认真地、大胆用力地去爱，让爱成真！

如果没感觉，就立刻停止。这样大家还能做好朋友。

分手也要用心

读者来信

　　我男朋友说他要升主管了，希望专心在工作上，所以想暂时跟我分手，这样对我也比较好，不会耽误我的青春。我一听就知道这是个借口，哪有人升职就非分手不可，太可笑了！想分手就明说，一定要找这么烂的理由吗？

以飞说

　　还好吧，这理由并不算太烂，还算是一个有诚意的理由，至少没跟你说他得了绝症，生命只剩下两个星期之类的话。别觉得我在开玩笑，我真的听过很多很夸张的理由！

　　分手就是分手，就像枕头，不管里面装的是棉絮还是水，它都是枕头，分手的理由就像枕头的外表，可以是狮子、猫熊、米噜噜、凯蒂猫……为什么要大费周章把枕头的外表做成这种样子？目的就是美化，你男朋友把分手的理由说成到外地读书，其实就跟枕头做成凯蒂猫一样，都是为了美化，要让场面看起来好看点，让你心情可以好过一点，当然也让他好脱身一点。

所以分手的理由是什么已经不重要了，重要的是面对分手的态度，大部分男人都没有面对分手的勇气。说好听点叫作怕伤害女人，但真相是没有面对问题的勇气，不知道如何开口，只好找各种借口。

提分手还真是个艺术，要皆大欢喜、不伤和气是挺不容易的一件事。近来已经很少见到一些极品的分手方式了，比如分手后给前任唱《感恩的心》，简直让人哭笑不得。其实，不只是交往要用心，分手更要用心。认认真真地把想分手的原因、感觉、想法说清楚，也是对恋情的一个交代，同时也是对自己负责任的态度。

不过，我觉得不要太怪你男朋友，但学校并没教我们怎么面对分手，男人对感情的处理又不像女人勤于讨论交流，所以他应该是不知道该怎么办，才会出此下策。而我以为这样会逃避问题的人，面对其他问题，也很可能故技重施，逃避了事。

其实，人生很多时候都需要一次正式的告别。结束一段关系，开启新的生活，转换一座城市，送别人生至亲至爱的人。关于告别是一场需要练习的修行，需要用一生来面对。当遗憾到来，很多时候无论用怎样的方式，都是挽留不了的。这就是人生，在获得中失去，在失去中新生。

各取所需的爱

读者来信

女人倒贴男人,男人会怕吗?还是很欢迎?我很想知道大家的想法。我的男朋友条件不错,长得也不错,常有女人倒追他,比如公关小姐、酒店小姐等。我男朋友说,男人不会珍惜倒贴的女人,要我别担心,他会自己处理。但是,那些女人都送上门来,追到他家了,我怎么可能不担心?

以飞说

这个问题关乎大部分男人的智慧,因为倒贴其实是一种结果,不是原因,并非别的女人倒贴你男朋友才让你很困扰,而是你男朋友的某些生活习惯,比如爱住酒店,所以才会有这些女人主动找他。这只是这个情况的结果,并不是原因。

那原因是什么?当然是你男朋友本身的问题。

我想为公关小姐说几句话,她们为钱辛苦,并不会随便倒贴男人。会主动联系你男朋友,绝大多数是为了工作,我不知道你们的状况,为什么会说她们倒贴,但听起来倒像是你男朋友是熟客,小姐们爱找他也很正常,属于正常业务往来。

回到你的问题本身,当男人面对女人的倒贴,每个人的心态不同,大部分是开心的,因为这是一种骄傲,以为自己各种条件比较好,女人才愿意源源不断地靠过来,自以为手腕高,可以在女人堆里如鱼得水,这是一种炫耀的心理。

想想看,如果你男朋友很在意这种感情上的炫耀,喜欢这种虚荣的感觉,那么你会不会也成为他炫耀和虚荣的工具?在爱情上虚荣心比较重的人,通常比较贪心,难以满足。

还有一种心态是毫不在意地享受单方面的付出。在感情世界里,大家都是彼此付出,当然这种付出是没办法量化的,所以不会平等。如果他乐于接受别人单方面的付出,那你就得小心了,并非每个倒贴的女人都甘心无条件付出,总会希望他回报,你们的爱情就会出现第三者、第四者、第五者……你们的爱情生活将永无安宁,会一再被打扰。

从你的问题里看起来,他的情形应该算严重了,建议你果断一点,要求他做个决定,断绝这种关系。如果他可以做到,那祝福你

壹 读者来信：关于恋爱

们顺利走下去。如果他觉得这跟要他挥剑自宫一样难，还是建议你们分开吧，无论男女，当他觉得这样左右逢源很棒的时候，在感情上出轨的概率也是很高的。

懂我的人和爱我的人

读者来信

我和她在一起满三年了,交往很顺利,从来没吵过架,如果意见不同,都会彼此退让。双方的家人也见过面了,没有意外的话,我们会一直交往下去,直到结婚。外表看起来,一切都很好,我们很般配,朋友都羡慕我们感情好。然而,我们之间有个大问题:她难以理解我的想法。当我努力地解释之后,她还是无法明白。这一直是我心里埋藏的遗憾。我承认我是爱她的,我喜欢和她在一起,喜欢看她开心的样子,喜欢照顾她。但是,有时候即使她在身边,我仍然觉得寂寞,和她之间有着不知道该怎么解释的距离感。最近,身边出现了一个女性,出奇地能感受到我的情绪,懂得我的想法。一开始我没有在意,只是把她当朋友,然而,最近我发现我对她心动了,开始幻想如果和她在一起,是不是就不再寂寞?我不想背叛,不想伤害女朋友,想克制自己,却觉得心情很差,加倍寂寞,快要发疯了!

以飞说

"最爱的人未必是最了解自己的人?"你问了一个很常见却很难回答的问题,足以用一本书来探讨。这个问题并不会有答案,反而能延伸出无限的讨论。希望这些论点,可以帮助你思考,厘清、整理你的思绪,做出你真正想要的选择,而不是让你越来越混乱。

我想问你:什么叫作"了解"?

看法一致?容易有共同话题?总是很有话讲?能清楚描述出你的感觉?

人都有被了解的渴望,希望被理解、被认同,但你所谓的了解是什么?坦白说,这个世界上没有人可以完全了解你,而你被了解的也往往只是你想被了解的部分。

你以为了解你的人,很可能不是真正地了解你。她只是和你比较类似,在性格、处事方式、经验上和你比较接近。因此,你会觉得在她面前得到了比较多的认同,感觉她比别人更能触及你的内心。但这可能只是一种误解,她不会比别人了解你,而是和你比较相像罢了。

打个比方,在鸭子的眼里,很清楚天鹅和它哪里不同,所以它觉得自己很了解天鹅。但天鹅却认为鸭子不了解它，因为鸭子和它长得不一样，想的也不一样，怎么可能了解它？你觉得谁对？

而我以为，所谓的"了解"，不是把你摸得一清二楚，不是猜得出来你会怎么想、怎么做；而是即使和你想的不同、看法不同，也能接受你、愿意支持你的人，我觉得这才是真正的了解。

真正的了解是一种包容，一种无条件支持和信赖的态度。

此外，我还想提醒你，是否过于着重于不同处，放大了你和你女友的差异，而忽略了人与人本来就不同，忘记了世界本来就因为每个人都不同才有趣。

讲个我自己的经验，我和我的另一半个性完全不同，我常说是南极与北极的差异。老实说，刚认识时我和他算是话不投机、全无交集……但他不会像别人一样总是说我的优点，也不会老是认同我的想法，反而常讲些听起来刺耳的话，感觉专挑我缺点说，故意和我作对似的。

我一开始很排斥，后来渐渐发现，他看到了我看不到的世界，指出了我没想过的事，因为他天生和我站在不同的角度看世界。越到后来，我越珍惜，因为他弥补了我很多不足，帮助我拓宽了视野，使我变得不再狭隘。

我们很不同，两个人加起来却很接近一个圆。

你的了解是什么？你想要的了解是什么？我相信你也有你的答案。

壹 读者来信：关于恋爱

爱的本身就是一种伤害。我觉得你现在的挣扎很多成分是道德上"她没有错""她很无辜""与她分手是伤害她，是自私"。你是不是这样想？但爱的本身其实就是一种伤害了。因为爱是一种选择，当你一旦爱，就选择了对谁付出、对谁不付出……一定会伤害到某个人。当你爱上一个女孩，你就把陪家人的时间拿去陪她，其实也是伤害了家人。你把工作的心思切割出来和她约会，其实也是伤害了你自己的前途。当你选择正视自己内心的孤独，就是伤害了她。然而，当你选择忽略内心的不被了解，就是伤害你自己。

所以，不要期望爱可以不造成伤害，可以两全其美。

更别以为分手的理由要是不够具体、不够大众化，就是自私，就是错的，就是伤害她！

如果你已经很清楚内心的答案，下一步应该是去"做"。不管最终你的选择是谁，都必须勇敢地去执行，承担该承担的后果，而不是举棋不定，想要面面俱到。

感情是一条漫长的路，除了了解，还需要互相扶持、一起面对问题、彼此包容、互相沟通……选择一个伴侣考虑的方面会很多，不只是了解而已。

祝福你做出最明智的选择！

我的男朋友管得太多

读者来信

朋友们喜欢找我出去逛街、看电影、唱歌,因为都是临时组团,我男朋友就不太高兴。我们在一起差不多两个月,他觉得我不够尊重他,应该先跟他说一声,我也答应了。有天晚上,一个很久不见的朋友约我,我就跟他说要问过我男朋友才能决定。但是,我朋友觉得我男朋友管得太多了!我觉得也是,就没告诉我男朋友。后来他知道我跟朋友出去,没跟他说,气到不行,说我答应他的事没做到,还问我是朋友重要,还是他重要。我朋友也不高兴,觉得我变了,做什么事都要问过男朋友,太听话了。我不希望男朋友和朋友闹得不愉快,但是,我也不知道该听谁的。我男朋友说要约我朋友谈一谈,我该怎么办?

以飞说

女人可不是只能乖乖被管！管得多或少的标准是由你来判断，到底他的做法是不是你可以接受的。

如果你可以接受，那他这样子叫作关心：担心你的安全，希望你不要离开他太久，想要成为你最重要的人。

如果你不能够接受，那他这样子就叫作霸道：不尊重你，大男人心态，喜欢干涉你、命令你，让你觉得压力很大。

每个人可以接受的程度不同，有些人会觉得你男朋友这样是管太多，例如你的朋友，但也有人会觉得这样不算管太多，因为每个人可接受的不同，你也有你自己的范围。

其实，任何事情过头了，就会让人家觉得反感，就像甜甜圈好吃，要你天天吃也会腻，但是偶尔来一个，那种滋味真不错。你男朋友为你好，但若关心过头，也会造成你的压力，这点你必须另外找时间和他沟通。

目前看来，你似乎能接受男朋友管你的程度。可是你朋友的话影响了你，觉得似乎也不必事事都要男朋友批准，因而造成了目前的僵局。

因此可以这么说：这件事情的导火索，并不是出自你男朋友，更不是你朋友，而是在你身上。男朋友跟朋友都是出自关心你的角度，但是你不应该一五一十、直来直往地原文照搬，这听在当事人的耳中是不舒服的。

你对你朋友的说法，让他听起来像是你男朋友限制你的自由，样样干涉你，所以你朋友会为你抱不平。他是挺你，觉得为你好，想要你有自己的空间，想为你争取自由。

而你男朋友会觉得：你朋友怎么会这样说？你和我两人的关系岂是外人可以理解的，他是什么人啊？为什么要干涉我们之间的事？

更可能的是你男朋友觉得：你这朋友是不是想追你啊？（如果朋友是男生）为什么要你听他的，而不听我的？基于男人的醋意和占有欲，当然想要去找他谈一谈，于是摩擦就产生了。

所以问题出在你并没有把双方的语意"委婉地转达"，造成你男朋友的误会。你的朋友（不管是不是这一个朋友或其他的）和男朋友对你都很重要，当他们的意见不同，你必须替他们说话，也就是在你朋友面前，要为你男朋友说话，说他也是为你好，他也很尊重你，去哪里也都跟你说。

而在你男朋友面前，你也必须为朋友说话，说他只是纯粹表达他的看法，不是强迫你听他的。这点是相当重要的，你必须学习为他们加分，不要让他们彼此印象不好，当你朋友讨厌你男朋友，你男朋友讨厌你朋友的时候，夹在中间最难过的一定是你！

现在，既然大家在气头上，那就先避一避吧，可别真的让你男朋友和你朋友当面谈，绝对不会谈出什么好话，只会破坏你们三方的关系。等他们两人消消气，再慢慢沟通。

不过我想说，你这男朋友才交往两个月，还在观察期，如果他真的过分干涉你，生气了之后又很难安抚，不容易沟通，那么你也有权利来管管他。爱情是互相的，如果他只管你却不尊重你，你应该知道怎么做的。

女人不是只能乖乖被管，那太委屈了！谈恋爱是很快乐的事，干吗这么委屈自己啊？

上了床还不算在一起吗

读者来信

我和他第一次见面就很聊得来，当天就发生了关系。后来他又约了我两次，对我都很好。不见面的时候，他也会发短信和打电话给我。可是，后来我都联络不上他，打手机也没人接，有时会关机一整天。我知道他工作比较忙，因为他是个艺人，可能不希望别人知道他和我在一起。已经快两个月没联络了，上星期我才打通他的手机，但他居然不知道我是谁，讲了好几句才想起我的名字，还说错一个字。他在电话里说下次再出来见面。可是，他的态度很冷淡，跟之前完全不一样。难道我们这样还不算在一起吗？要不然，怎样才算在一起呢？

以飞说

恋情总在上床后结束。这男人对你来说这么重要吗？说真的，我一点都看不出来！是因为聊得来，发生了关系，还是他没理你？这三件事情好像都构不成爱的条件吧！若是真要扯上爱，大概只有发生关系这件事，因为它叫"做爱"。

并不是我想泼你的冷水，说真的，假使我是那个男的，我也觉得很奇怪，说不定大家只是因为一时气氛好，做了那件事，但是没想到你竟然想到会有后续发展。从他的反应大概可以推测，他根本没打算跟你发展成恋人关系。

不少艺人、名人（绝不是所有）会把自己的受欢迎当作理所当然，有的还认为女生都喜欢跟他们上床，被他们看上是一种恩宠。他可能也把你当作其中之一，没想到你会再主动联系他。

至于怎样才算在一起？每个人的定义不同。

有人认为亲过嘴就算在一起，有的人则认为上过床才是在一起。也有人说上了床，还不算在一起，他愿意留下来过夜，才算在一起。有人说要上过三次以上的床，才算在一起，第一次发生的亲密只是偶然，第二次是一时激情，但这都不算，若第三次还发生，就是思考过才做的，才算在一起。有人说男人带你去过他的家，才算在一起，否则只想玩玩而已。有人说，要交换钥匙才算在一起，或是当他把其他女生的电话号码从手机里删掉，才算真的在一起。

每个人都有自己的定义，有某个特殊的认定仪式，关键在于你和他的定义，是不是一样。在一起就像输血，两个人的血型要相同，要是搞错了，问题可就大了！

下一次，请你在脱衣服之前，先搞清楚男人对你的想法再脱，否则，你的恋情总会在上床后结束。

另外，请将这篇文章撕下来，贴在浴室镜子、衣橱、冰箱门或你最常看得到的地方，随时谨记，不要再便宜男人了！

贰

脱单秘籍：男人篇

十月先生的短裤

古人没有乱说话，什么见微知著、一叶知秋都有道理。优质男杰夫之所以变成剩男，从一件短裤就看得出来。

我们约在城里知名的麻辣锅店，看到杰夫，我以为我约错了地方。

"我们是要去打网球，还是踢足球？吃麻辣火锅为什么会穿这样？"

"很热耶，这样穿很舒服啊！"杰夫穿了短裤，配白球鞋，同样也是白色的半筒袜刚刚好掐住小腿肚。我可以想象小腿肚被掐住脖子没办法抗议，才让杰夫穿这样出了门。

"杰夫你是不是只交过一个女朋友，对她超好，却被她抛弃，到现在还忘不了她，一直和她保持联系。她结婚的时候发喜帖给你，你包了三千六？"

"你怎么知道，你认识她吗？"杰夫眼睛发亮。

"我不认识她，但我认识很多像你这样的十月先生。"我说。

"什么是十月先生？我是七月生的。"

"十月的英文会念吗？"

"October！"杰夫发音很标准。

"没错，阿土伯……大富翁游戏里面的角色，又叫Uncle Tuu。"

"阿土伯很可爱啊，算是大富翁的第一主角。"杰夫说。

"不过没有女生会想跟阿土伯谈恋爱。"

"哪会土啊？我这也算运动风，现在不是流行吗？不瞒你说，我每天都看新闻，现在流行什么都有留意，抓得住潮流。"杰夫自豪地说。

"你看的是上古时代的报纸吗？"我反驳。

"穿衣服舒服最重要。"杰夫强调。

"你穿得舒服，我看得不舒服。"我说实话。

"衣服只是表象，是外在，内在才是重点，你见过吃香蕉只吃皮的人吗？"

"你又不是香蕉。"我又说了实话。

"只注意外表，肤浅！就是有你们这种女生，好男人才会滞销。"杰夫有些生气了。

"谁教我们女生都长了两个眼睛，不看外表也不行。"我说了实话中的实话。

对穿搭一窍不通的你一直以来是否都是以舒适方便作为穿衣原则，忽略了穿着是一种自我表现的机会，也忽略了看场合穿衣服是种礼貌。还经常自我安慰，土气等于好男人，爱打扮的男人都是渣男。

就算你觉得重视外表是肤浅的行为，但你看过镜子里的自己吗？如果你是女生，你会爱上这样的男人吗？如果你都不喜欢自己的样子，就别怪女生不喜欢你。

产品好，卖相也很重要。为你美好的内在找一个美好的外表来搭配吧！

短裤不是不能穿，但不要自曝其短。

孤独的精英

精英绝对是极少数，就像汉克，他是著名的金融师，算命的都没他会算。任何金融产品只要他看一眼，利润绝对准确到小数点后两位。没错，这就是精英，也是被挑剩的那些少数。

回想汉克声泪俱下的哀求，本小姐再次心软地帮他介绍女朋友。要不是苦无人选，我也不会把自己的表妹推入火坑。

"我表妹吃海鲜会过敏，你难道都不考虑一下吗？让她吃完还得去看医生啊！"我抗议。

"这你就不了解了，沙朗特餐不划算，牛小排海陆可以吃得多又饱，而且海鲜热量低。"汉克非常专业，连点餐也不例外，计算精密到万一过敏发作，省下来的钱去看医生都划算。

"原油又是一个波段操作，能源基金可以考虑，期货比较快，几个单位我帮你下，手续费给你打折！"汉克手上使劲地切着牛排，嘴上滔滔不绝地分析。

"原油我是不懂，精油我倒是常用。"表妹站起来说。

"精油我也懂，现在有一种新的萃取技术……"汉克还没说完，表妹已经脚底抹油溜了。

"为什么？我明明没让场子冷。"汉克皱眉。

"场子很热，因为你的油让大家热翻了。"我瞪他。

"那你表妹应该会被我吸引啊！"汉克不解。

"你很专业，也很精辟，重点是非常深入。"

"不赖吧，这些可是我毕生所学，外面开课最起码每小时收一万块。"汉克非常自豪。

"收费很高，不过没有女人愿意听。我也想溜了。"

"怎么可能，我为了一雪前耻，特别避开复杂的利率问题，只针对国际金融走势分析，这样也不对吗？"汉克拿出 iPad，秀出一堆复杂的图表。

"有化妆品涨势图吗？"我没好气地问。

"你等一下，应该有的，从国际原物料也可以分析。"汉克输入查询条件。

"我的意思是有没有生活化一点的？"

"生活化？这样显不出我的专业，女生不是都崇拜专家吗？"汉克无辜地看着我。

"又不是在上课，谁想听啊！"实话总是伤人，尤其是精英，更容易受伤。

你是精英吗？或是自诩为某一领域的专家？千万不要总是感觉天才是寂寞的，女人不懂欣赏，所以我才到现在都没有对象的心态。请深刻反省，每次遇到异性时，是否不由自主地展现你的专业，过度投入地发表，仿佛在跟客户谈合作？搞得气氛僵硬，最后不欢而散？如果继续这样下去，你将会持续过着周末只能加班的人生。从现在起，约会时请抛下你的专业，聊点女生感兴趣的话题吧！

当你不知道要跟女生聊什么，那你闭上嘴听她说就是了。

三秒钟轻松搞定

"什么?你要结婚了?"听到阳阳要结婚的消息,我几乎热泪盈眶,资深剩男终于要变新郎!

"什么时候?"凭我和阳阳的交情,红包肯定不能太小,提早知道好时间,才能预先存钱。

"下下礼拜天。"阳阳笑着说。

"离现在只有十天,不要开玩笑了!"我一口咖啡差点喷到隔壁桌。

"对,只剩十天,不行吗?"阳阳反问。

"那你喜帖寄了吗?亲友通知了吗?桌数订了吗?"我连环追问。

"都还没。"阳阳看着我的表情多么天真无邪。

"你真的想结婚吗？"我认真地问。

"好巧，你怎么跟我女朋友问一样的问题啊？"阳阳说。

"废话！哪个人听到你的结婚计划不会这样问你啊？"我看错阳阳了，一直以为他是个认真上进的好青年，没想到他四肢健全，脑袋却没长好。

"你以为结婚那么简单，三秒钟就能搞定？"我替他紧张起来。

"三秒钟太夸张啦，但也没差多少吧，哪有那么多事要处理。以飞，你这人就是凡事想太多，才会容易失眠。"没想到阳阳还反过来训我。

"好，那我问你，你当天要请谁收钱？找谁当招待带位？你都安排好了吗？"

"收钱不必担心，我老妈很会算钱，交给她没问题。招待一定要吗？大家都是成年人了，不会主动坐好吗？不必特别找人带位子吧？"阳阳说。

"找你妈收红包？她怎么可能有空啊？"我快昏倒了，"不用招待？你以为时间到大家都会乖乖送红包，然后排队领饭票吗？"

"不要激动嘛，为什么你和我女朋友一样，讲到结婚的事就生气？你们女生好奇怪，情绪控制真差。"阳阳一派轻松地说。

"你确定她要嫁给你吗？"我忍不住气到发抖，"如果我是她，会觉得你根本不想娶我，当天都不会到场。"

"奇怪，真的好巧，她也是这么说的！"阳阳说。

你也跟阳阳一样，自以为什么都能轻松搞定，不必费事安排吗？那么，你的女朋友是不是常嫌你被动，觉得你不是真心对她，没把她放在重要的位置上？好好好，我知道你认为那是她的问题，是她想太多。一个微不足道的情人节都要你事先安排，一个小约会也要你费心计划，很麻烦是吧……

天底下的女人都是一样的，绝不会有人希望关于她的每件事，你都只花三秒钟轻松解决，随随便便打发。多用点心、花点时间在她身上，如果不改一改你的态度，再好的女人你也抓不住，被你不小心就打发掉了。

每个女人都希望男人把她的小事当成大事。

没品位的品位男

"你有什么事要拜托,赶快讲!"我对 Ethan 说。

Ethan 请我来城东某艺人新开的餐馆,开了一瓶比我年纪还大的红酒,不是想追我就是有求于我。我自知不是他的菜,那肯定是后者了。

Ethan 把椅子拉近,小声地说:"我想请你帮我介绍女朋友,听说你介绍女朋友的成功率挺高的。"

"是,没错,两性专家最适合转行当婚姻中介,那我可以再开一瓶红酒吗?"我扬起眉。

并不是我故意拿捏,实在是 Ethan 这人是有名的难伺候,这差事肯定不好办,不趁机捞点好处不划算。果然不出我所料,刚试完第二瓶年份更久的红酒,Ethan 开始谈条件了。

"首先，个子不能太矮，太高也不行，和我站起来不搭，最好是一米七。第二，长相不重要，像林志玲还是滨崎步都可以接受，重点是长得要有时尚感。"Ethan 换了一下位置，刻意露出定制袖扣，接着脱下鞋子，拿给我看。

"你知道的，我很在意有没有品位，像这鞋子，你看看，里面写的是什么？不是品牌 Logo，那太俗气，是我的名字，这就是品位。"

"我懂我懂，可以把鞋子拿开了吗？"我捏着鼻子向后退。

"还有，生活也要有品位，什么唱 KTV、听流行歌，那太俗气了，我喜欢弹琴、听歌剧、古典乐那一类的，她最好也有这方面的嗜好，跟我才搭。"Ethan 继续说。

看在两瓶红酒的分上，我只好拿出录音笔。穿着不能没品位，说话不能没品位，交友也不能没品位……录了半个多小时，Ethan 终于把条件开完，我的甜点也吃完了。

"老实跟你说，你要的对象找不到。"我擦嘴完工。

"为什么？"Ethan 问。

"像你这么没品位的男人，以为花钱买别人买不到的东西、做平常人不会做的事就是有品位，那些有品位的女人才看不上你呢！"

你穿着时尚，生活有品位，自以为是潮男，却跟 Ethan 一样，没有女朋友。我必须告诉你实话，女人挑男人的时候不会在乎他是不是够时尚、懂不懂生活品位,重要的是你的品位对她来说有什么帮助,你乐意带她享受美食、畅游生活,与她分享你的好品位,还是以你的品位为傲,处处挑剔她不够格和你交往?

收敛一下你的品位标准吧,如果你想找一个有品位的伴侣,就应该练习一下你对女人的品位学。并不是懂得花钱、欣赏好东西的男人才有品位,而是懂得欣赏女人优点的男人,才是真的有品位。

请别把挑女朋友当成买时尚品,好女人比限量精品还难得,花钱买不到。

别动不动就 Oh My God

"我好像发烧了！"我摸着额头。

"Oh My God！该不会是H1N1吧？"杰瑞瞬间跳离三米，他的弹性怎么这么好。

"应该不是，我没有咳嗽、流鼻涕，肌肉酸痛倒是有一点，应该是电脑打太久。"我解释。

"你还是去医院做个检查吧。"杰瑞不知道何时已经戴上N95口罩，并跪下来开始祈祷，"亲爱的上帝……"

"没那么严重！"我的话杰瑞已经听不到，他整个人沉醉在和上帝的沟通中，我只好低下头继续吃烤鸡。

"你怎么还没走？"等杰瑞祷告完，我已经啃掉半只烤鸡。

"没事，我只是体温高了一点，说不定是大姨妈在按电铃，说她快来了。"我微笑着安抚他。

"Oh My God！大姨妈问题也很大，这样你的脾气会不稳定，说不定会把气出在我身上，这叫经前症候群是不是，我看我还是先走。"杰瑞说着就掉头。

"没那么夸张，你不是要跟我讨论上次给你介绍的苏珊吗？我好不容易找出空当和你见面，你就快说吧！"我把杰瑞拉回来。

"苏珊不喜欢我。跟我吃完饭，她就说要回家了，我想我没机会了。"杰瑞沮丧地说。

"为什么？她没再约下次见面的时间吗？"我讶异，苏珊在电话里可不是这么对我说的，她颇中意杰瑞。

"我本来就不是大众款，很难受女生欢迎，苏珊对我没兴趣也是正常。"杰瑞说。

"可是……"我冷不防打了个嗝，八成是烤鸡吃太多。

"Oh My God！"杰瑞立刻又跳开一米，"听说胃不好才会打嗝，你赶快去照一下胃镜，万一是胃癌……"

"你少乌鸦嘴！"

"我是说真的，要是你病了不能工作……啊，你有医疗保险吗？"杰瑞问。

"没。"

"Oh My God！这样你不是完了吗？"

我看快完蛋的是你吧！俗话说积极的人在问题中看到机会，

消极的人则在机会中看到问题。你是不是和杰瑞一样,不管生活发生什么状况,都往最坏的方向去想?不管喜欢的女生说什么、做什么,你都觉得自己完了,没机会了?

再不快点调整心态,阻止自己负面的思考方式,你将会被生活推下坡,一切就像滚雪球越来越糟。当你满脑子悲观,一张脸绝对皱得跟苦瓜一样,谁会喜欢跟这样的男生相处,更别说出去约会了!就算勉为其难和你交往,也会被你开口闭口 Oh My God 吓跑。凡事往好处想,乐观的念头才能让你笑脸"赢"人,在爱情里脱颖而出!

笑容是最棒的整容,让你瞬间帅两倍。

聪明的男人不会忠诚

"兄弟，你一定要坚持，世上无真爱，要博爱，能多爱几个女人就去爱！"史东对着手机滔滔不绝。

史东压根就不相信有真爱这回事，只要一有机会就开始宣传他的真爱无用论，吃一顿饭，已经听他接了好几通电话。

"谈恋爱又不是小狗撒尿，这一点那一滴的，要专一！"好不容易等史东挂上电话，我瞪着他说。

"你们这些两性专家都是骗子，睁眼说瞎话，男人怎么可能专一？"史东回瞪我。

"花花公子跟两性专家就像猫跟老鼠，天生相克，看到你误人子弟，我当然要阻止！"为保持形象，我赶紧挂上微笑。

史东的重要理论有两个：一是结婚的99%都是妥协的结果，

只有1%是真爱，而这1%的人原则上都在说谎。所以他认为这世界上绝对不会有唯一的最爱，要保持这样的假象，只有靠不断地忍耐跟伪装才能达成。"所以我特别佩服那些什么钻石婚的，一忍几十年，换作我是绝对办不到的。"史东冷笑。二是真正聪明的男人不可能只有一个女人。他不会把公主娶回家，每天侍候他，也不会娶一个女王，找个人来管死自己。所以真正聪明的男人肯定有很多女人，老婆、情人、情妇、红粉知己……满足他不同的需要，绝对不会对同一个女人忠诚。

"何必那么愤世嫉俗，能有个伴陪你走一辈子不是很幸福吗？"我说。

"这是幻想！所以我说女人都有妄想症，你们两性专家更严重！"史东语带轻蔑地说。

对，你最聪明，别的男人笨，才会相信真爱，才会对女人忠诚，笨到家了！可是，情人节的时候，你一个人在家看DVD，别人可以结伴去旅行；生病的时候，你一个人撑着看医生，别人有女朋友、老婆在旁边照顾；工作疲惫的时候，你只能找兄弟（还要看看他的女朋友愿不愿意放人）喝闷酒，别人有女朋友、老婆可以拥抱安慰。到底谁聪明、谁笨？

你不需要仇视爱情，认为婚姻可悲，也不用觉得对女人忠诚就是笨，傻子才会真心付出。抱着负面的心态在爱，不可能爱得真，更不可能找到真正爱你的人，顶多能遇到玩伴，玩腻了拍拍屁股就走人，留下你孤单一人。

聪明反被聪明误，傻人反而有傻福。

我没有资格谈恋爱

"你帮我接!拜托嘛!"仔仔哀求我。

"好啦好啦,这次真的是最后一次噢!"我拿起仔仔的手机,按下接听键。

"喂……"这次是个说话像主播的女生,字正腔圆,没等她说完,我开始念台词:"仔仔是我的未婚夫,请你离他远一点,以后不要再打电话给他了!别让我再听到你的声音!"

我说完挂掉电话:"再帮你干这种坏事,我都要折寿了!"

"没办法,我真的狠不下心拒绝她。"仔仔一脸哀痛。

我已经不知道这是第几次帮仔仔挡掉他的追求者。仔仔长得像山寨版周渝民,桃花也跟偶像明星不相上下,但是……

"我没有资格谈恋爱。"仔仔会这么想可不是因为什么宿疾、隐疾，实在是他家里有个长年卧病在床的妈妈，需要人照顾，还有个爱赌钱的爸爸，需要人赚钱还债。这个"人"不是别人，就是仔仔。

一听到仔仔的家庭背景，有四分之三的女生不会再联络，剩下的四分之一则是真爱能克服一切的信徒，为了爱，愿意分担仔仔的负担。然而仔仔不忍心和她们继续交往，总想尽办法让她们死心，例如请出我来帮忙接电话。

"换作我是女生，也不想和我这样的男生在一起，负担这么重，有多爱到最后都会被压垮。"仔仔说。

我无法反驳，假设生病的妈妈是个重100千克的包袱，好赌的爸爸又是重100千克的包袱，加起来仔仔的身上背负了200千克重量，我也很难接受这样沉重的男朋友。

"除非我爸妈百年之后，否则我这辈子都不想结婚了……"仔仔快流泪了，我知道他是个孝子，既不希望爸妈早归，又不想一直被拖累，陷入两难。

"难道没有遇到好对象愿意和你一起奋斗？"我好奇。

"当然有，不过爱她就不该害她，我不想拖爱的人下水……这是命啊，我还是孤独地过完这一生吧！"仔仔的眼眶又积水了。

"因为我家里穷！""我的家庭背景复杂！""我爸妈意见太多！""我经济压力大，赚得少！"很多人都喜欢自己下结论，判定自己没资格谈恋爱。这就像正大口呼吸的人说我没资格活着一样可笑。有没有资格去爱，不是条件的问题，而是你愿不愿意真心付出。

负担人人都有，面对负担，你是不是有解决的能力、解决的诚意？如果一时无力解决，是否有解决的计划？是否有勇气去处理问题？这才是女生在意的。请别再演悲剧英雄，把家庭负担当作没有勇气追求幸福的借口。

不要以为女生很现实，不会陪你解决问题，该问你自己有没有面对问题。

青春纪念簿

"像这种身材、这种脸孔,以前我是根本看不上眼的!"Ray一脸鄙夷地指着八卦杂志上的小女星。

Ray当年有"青春碎纸机"的封号,眼光好,手段高,命中率百分百,没有哪位青春少女能够逃过他的毒手。

"以你的身手,应该早就修成正果了,为什么还要我帮你介绍女朋友?"我直接切入重点。

"唉,我当年就是身手太好,太多女人抢着要我,害得我不知道该怎么选。再说,年轻嘛,及时享乐,玩玩可以,可是现在……我已经老大不小了,也该定下来了。"Ray轻轻皱起帅气的眉,继续说,"我手边的名单全是年轻姑娘,都是可以一起玩的小朋友,怎么也不像结婚对象,所以只好找你帮忙啦!"

"原来是这样，不过，你阅女无数，想必眼界大开，不同于一般男人……要不要直接告诉我，你想要什么样条件的女生？"我问。

"其实很简单，为了让你容易明白，我特地带来以前那些女友的照片，让你参考！"Ray打开笔记本电脑，或者叫女友档案，里面数百张性感美女图。

"你看，这些女生个个身材正，脸蛋正，不输给一线当红女星吧！"Ray骄傲地说。

"这太多人了，可以缩小一下目标吗？"我的脸现在八成是绿色的。

"好吧，我删掉一些，不过，出色的身材和脸蛋是必要条件。男人嘛，都是视觉动物，你知道的！"Ray自以为帅气地对我眨眼睛。

"我想请问，除了外在条件，你还有其他要求吗？"

"其他都不是重点了！女人嘛，应该都差不多，任性、不讲理、一天到晚疑神疑鬼，我早就习惯了。"听完Ray的话，我的脸差不多变黑色了。

"来，我跟你解释一下我的感情史，让你了解一下我的喜好。像这位……胸部很大吧！有F罩杯噢，不过叫什么我忘了……这个啊，啧啧啧，腿超性感的，我们交往了有一星期吧。咦？这个人是谁，怎会出现在我的相簿里？"Ray疑惑的表情依然挺帅的。

"我想这不是感情史,是性史吧!"此时,我确定我的脸色臭到可以驱虫了。

你以为你外在条件好就不会变剩男吗?女人比你想象得更聪明,当你还以为光靠帅气就可以混饭吃时,女生们早就离开你,投向好男人的怀抱了。

及时享乐,追求激情,固然很刺激,但当你年纪渐大,才发现过去的感情史不过是青春的纪念簿,你所谓的爱情就是美女收集癖而已,时间开始清算你的生命财产。如果你足够有钱可以挥霍,或许还能吸引美女,多过几年花花公子的生活。如果你只是个收入一般的普通上班族,那你最好多买几片面膜,保养一下你帅气的老脸,看能不能在女人发现你的肤浅之前,骗到一个老婆。

美女会老,帅哥也会,如果你的筹码只有外在,我只能说,你的胜算不大!

"丹参"还是"单身"

"什么？手脚冰冷和单身有关系吗？"

"不是，是'丹参'。"Jake立刻拿出纸笔，写出正确的字，热心地说，"我是说像你这样手脚容易冰冷，要用丹参调。丹参是活血化瘀的中药，在《神农本草经》中被列为上品，是人参之外，研究最多的一种中药。来，你手伸出来！"

"干吗？"我犹豫地伸出手，接下来该不会玩看手相的把戏吧？

没想到Jake把起脉来，双眼微眯问道："你月经不顺噢？"

"拜托，这是约会的话题吗？"我抽回手。

"丹参也用于月经不调，经闭痛经……"Jake还没说完，我已经拎了包包站起来。

"丹参的用法有以下几种,你赶快记下来……"Jake 似乎还沉醉在医生和病人的游戏里,我已经推开咖啡馆的门,逃难似的离开。

"这个男人博学多闻,什么都懂,活像会走动的维基百科。"我现在才明白 Linda 对 Jake 的介绍形容有多么贴切。

Jake 是 Linda 男朋友的好朋友。"罕见的单身好男人!绝无仅有,千万不能错过!"在她的强力推荐下,我们通了两次 E-mail,一次是自我介绍,他写了上千字说明并分析他从事的事业。第二封 E-mail 是约见面,他整理了整个城市的咖啡馆信息,包括价格、风格、咖啡豆进货来源和附近停车便利与否,并找出最适合约会的那家,就是我刚才逃离的地点。

Jake 有双性感的电眼,如果他不是从点咖啡就开始演讲,我八成会留下来。不管是咖啡豆烘焙的方式、煮咖啡的技巧还是日式和法式甜点的差异,我都没有太大兴趣。上网就可以查到的知识、打开电视就能听到的报道,不是让女人感兴趣的约会话题。

直到我说冷气太强,我的脚有点冷之前,还有挽救的余地,谁知道 Jake 从我感觉到冷开始说起丹参话题,这一切就都完了!

"有没有心仪的对象?对我有没有兴趣?"我想知道的是他是不是真的单身,而不是丹参……我很想告诉 Jake,他写错字了!

女人需要的不是百科全书,更不是会走路的字典。当她说冷,你可以帮她叫杯热开水、告诉服务员冷气关小一点或是坐近一点,再不然可以拉起她的小手,放进你的口袋。如果你的选择和Jake一样,开始用演讲来应对,那就惨了!

　　醒一醒吧,你不是在办公室做汇报,必须向主管提出建议,而是在约会。约会的意思就是放松、傻笑,聊些约会对象有兴趣的、对人生不一定有帮助的事。

　　女人要的比你想的更简单,不需长篇大论,只要一个回应的小动作。

一全一美乘以十

"小路,我看这次你应该可以脱离剩男的行列了,这个女孩真是体贴!"我看着在病房热情招呼的女人说。

"你说哪一个?"小路撑起打石膏的手起身望去,"噢,你是说Kelly啊,她的功能就是站出来好看,八面玲珑,在公众场合招呼朋友用的。"

"功能?莫非还有其他的女人?"我好奇地看着小路。

小路一生奉行的圭臬是"专业分工",他相信物有专能,多功能的东西一定不好用。举凡多功能手机、复合型打印机、多功能果汁机等,他全不屑一顾。

"Kelly 是个公关高手,但是要照顾我的生活起居就不行了,所以……"小路吃力地按着手机通讯录说:"Jenny 等一下会带补品过来,还会来帮我擦澡,Ada专门帮我处理工作的事情,Zoe晚上会过来陪我聊天……"

"没想到你对女朋友的分工这么细,该不会结婚之后你也想这样吧?"我诧异地问。

"难道不是这样吗?你问得好奇怪噢!"小路天真无邪地看着我。

"是你奇怪还是我奇怪?一夫一妻不对吗?"本小姐有点上火了。

"当然是一夫一妻啊!但是其他属于谈感情的、处理工作琐事的、出外交际应酬的女人,老婆怎么可能全包?"小路气定神闲地补了一句,"没有一个女人是十全十美的,当然要分工合作。"

"哼,既然找不到十全十美的女人,你也不必娶老婆了!"

"当然要啊,老婆的功能就是要管理这些不同功能的女人,"小路抓抓脸说,"这叫专业分工,分层管理。"

"我想我这家医院医不了你。"我拿出笔在小路的石膏上写了一个电话号码,"这是精神科专家的电话,赶紧去找他,说不定因为你的病例特殊,具有研究价值,会少收点医疗费。"

我身边有很多小路,总把自己的花心当成是宽容,是为了女人好……"毕竟没有女人适合当妻子,又适合当情妇。""人不可能完美,要求一个贤妻良母要带得出去,要长袖善舞,要讲生活品位,要求太高了!""要一个美丽娇嫩的女人煮饭洗衣做家务,太残忍了！""小路们"只好退而求其次，多爱几个，以满足不同要求。

　　说什么不要求完美，其实是追求十全十美，什么都要！这些"小路们"的下场通常也变成别人的某项功能之一，例如约会专用男、付钱专用男，反正不是用来结婚的对象，永远变成剩男。

　　别因为没办法找一个十全十美的人共度一生，就要找十个"一全一美"的人一起过日子。

对你没感觉了

"求求你不要离开我。"阿芳像无尾熊一样挂在小东的腿上。

"该说的我都已经说了,希望我们之间可以和平分手。"小东冷静地说。

"你给我说清楚,没来由的就要分手,我又不是对你不好!"阿芳歇斯底里地呼喊。

"感情这事本来就很难说,要我怎么说清楚?"小东说完这句话,脸上立刻多了两个巴掌印。

幸好,小东的脸能经得起千锤百炼,无数次的分手打造了他无坚不摧的脸皮。

"怎么会没办法说清楚,是我脾气不好,还是乱花你的钱,基于哪种理由,你要跟我分手?"阿芳颤抖地追问。

"你对我真的很好,嘘寒问暖,无微不至,这世界上找不着比你更好的女人了。"小东认真细数阿芳的优点,不一会儿马上列满两张 A4 纸。

"不过好是一回事,这手还是要分。"小东淡淡地下结论。

"你是玩我吗?"阿芳宛如猛虎出闸,扑向小东。小东的脸又多了两个脚印。

"说实话,是我不对,但是,我就是对你没感觉了!"小东继续说,"不是你很丑,也不是身材不好,反正说不上来是什么感觉,就是爱的感觉没了!不是我不愿意,但感觉这东西还真没办法跟你具体说明。"

"我想,我可以体会你的感觉……这感觉还真的很难说清楚,就是一种感觉,没来由地就上来了,无法描述,难以形容!"阿芳仰天低语。

"太好了,你终于懂我的感觉了……那我们可以和平分手了吧?"小东兴奋地说完,却发现地面朝他脸部靠近,不到两秒钟,小东瞬间躺平,口吐白沫。

"我有种很想揍人的感觉!"阿芳拍拍双手说。

"我对你没感觉了!""爱的感觉没了!""感觉变了!"你也喜欢把感觉两个字挂在嘴上,成天感觉来感觉去,自我感觉良好吗?

做人不能光凭感觉,恋爱也不能,除了靠心去感觉,还得靠脑袋去认知、分析、判断,才能平衡。若是只想凭感觉,只会找到跟你一样靠感觉的人,当你们感觉很好,可以约约会,谈谈恋爱;而当感觉变了、淡了、没了,就只有分手的份。这样来来去去仍然难以脱离单身,相信这不是太好的感觉!

太凭感觉,就会失去知觉。

女人只要漂亮就好吗

"我是个专一的男人，从来没改变我要的，1.65米以上，25岁以下，脸蛋漂亮，身材没的说。我不是挑女秘书，是挑老婆，计算机操作、字处理、做菜、记账和开车通通不会没关系。"Handsome说相声似的一口气讲完。

现场没有掌声，因为没有人在听他说话，大家只顾低头喝红酒，在这场跨年Party上，没人关心Handsome的择偶标准，反正明年他一定会再表演一次。

Handsome今年35岁，从他25岁开始，择偶条件就没变过，"1.65米以上，25岁以下，脸蛋漂亮，身材没的说！"认识他的人都会背。不过每年，他带来跨年的女伴从未达到这个标准。

"难道是我Handsome不够handsome？"Handsome不止

一次这样问我。

我每次都摇头,他那张斜四十五度角再 PS 一下还挺像小田切让的脸,虽说不上帅,倒也不赖。

"还是符合条件的姑娘都去当模特和参加歌唱比赛,等着当明星,没时间谈恋爱了?"Handsome 追问。

"如果只有两个选项,我选后者。"我随口说。

别怪我用应付的态度对 Handsome,这些年他的年纪长了,头衔长了,就是脑袋没长,停在25岁。这么说还真侮辱了其他25岁就长了大脑的男人。

"我哪里错了?你的书我也看过,我要什么很清楚,朝着目标前进,从不改变,跟你写的一样啊,怎么还找不到对象?你乱写,退我钱!"Handsome 对我说。

"我是那样写没错,不过,我是写给寻找幸福的男女看的,不是你这种寻找性幻想对象的男人。"我啜了口红酒说。

"谁说性幻想对象不能拿来当老婆?这点你错了,你不懂男人!"Handsome 反驳。"像你这种分不清楚性幻想和真实人生哪里不同的男人,我懒得懂。"我说。

你也像 Handsome 一样,坚持挑女人只看重外表,至于内在装什么都行?反正女人不过那么回事,漂亮最重要嘛。

我并不能说你错,全世界的女人都不能说你错。但是,我们可以不选择你。再漂亮的女人都不希望男人只爱她的外表。

如果不想继续换女伴，换一下你的思维吧。思考一下美丽的外包装里面，要装什么样的内容物。唯有把你想要的女人里里外外都想清楚，才有机会脱离剩男之列。

专一和固执笔画差很多！别再写错，去买本字典。

幸福电子表

"有话好说，千万别闹出人命啊！"我试图安抚 Maggie，让她别把阿潘给掐死。

"没什么好说的，本小姐等他等到快发霉了，总是一堆借口，说还不能娶我。既然不想娶我，我也不必对他客气！"Maggie 手上不停使劲，阿潘眼看就快没气了。

"我不是不娶你，真的是因为还没准备好。总得先买个房子才能结吧，拍婚纱、买钻戒都要花钱，之后还有小孩的尿布奶粉钱，林林总总加起来可不少。看！我列了张结婚费用的电子表格。"阿潘边说边打开 iPad，秀出电子表格。

"这张表我都快看烂了，每次都拿来搪塞！"Maggie 愤怒地把 iPad 合上。

"Maggie，其实阿潘也没错，他是真的很爱你，不愿意你将来跟着他受苦。"我自以为说了一句经典台词能让 Maggie 感动，没想到我真的错了。

"5年前，我想结婚，他说没车、没房子，一无所有，要再奋斗几年。3年前，他买了车，我问可以结婚了吧，他说不行，得有房子，才算安定，再多奋斗几年。后来，遇上金融海啸，一切奋斗都缩水了……" Maggie 委屈地哭了起来，"没车可以走路，没房子可以租，没钱可以一起赚，我都不在乎，我只在乎我们何时才能结婚。"

"我不就是想让你嫁给我能幸福，能过上比别人好的生活，不必为钱担心嘛！"阿潘说着也热泪盈眶。

"为什么我的婚姻要跟全球经济形势有关系，经济形势好要多赚点，经济形势不好还要赚更多，幸福的基础一定要建立在金钱之上吗？那你告诉我，要存多少钱才会幸福？" Maggie 哽咽着问阿潘。

"亲爱的，我错了，不应该一切以钱为前提。"阿潘惭愧地低下头，"老实告诉你，这几年存的钱我早就赔光了，现在还负债100万元。不过没关系，你说得对，没钱我们可以一起赚，我们还是先结婚吧！"

"100万元？你疯了，那结什么婚啊？我才不要嫁！" Maggie 大吼。

"准备何时结婚？"最常遇到男性友人摇头的理由，不外乎是

贰 脱单秘籍：男人篇

没车、没钱、没房子，难道非要一切都具备才能结婚？没钱就不能结婚吗？一半的男人是真这么想，觉得这就是幸福的承诺；另一半的男人则是被逼的，被未来的老婆或家人催促着准备好一切才能迎娶。

被逼的那一半迫于无奈，不在讨论范围，但主动这么想的这一半，该换换思维了。女人的确在乎你赚了多少，但是，更在乎你为她努力的那份心。如果你一直保有这份努力，没钱也能结婚，别再说还没准备好！

幸福无法量化，即使存了1000万元，也不代表能掌握幸福。

跟你谈恋爱像守寡

"哎呀！谁撞我！"天底下大概没人比我运气好了，被凯蒂猫撞倒。我才刚爬起来就看见"海贼王"路飞追上来。

"亲爱的，等等我，有什么事等动漫大会结束再说。"路飞对凯蒂猫说。

"不去！我再也不去什么动漫大会了！"凯蒂猫愤怒地转身。

"等等，凯蒂，你不是说要陪我吗？我好不容易才帮你弄到客串凯蒂猫的工作，你不知道扮凯蒂猫有多抢手，大家都想要。"路飞拉住凯蒂猫的手。

"别说了，我已经忍你很久了，平常对我不闻不问，一有这种什么鬼动漫大会，才会找我出来，就算是土地公也要每个月初一、十五请两次，那我呢？还算是你女朋友吗？"凯蒂小姐气愤地说。

"没办法，我忙嘛，动漫家族事情真的不少，每年两次大会，又要办签名会，还得定期聚会、发刊、更新网站、上传照片、联系家族成员，自然没时间陪你。"路飞先生低声下气地说。

"那你也得考虑一下我的感受吧，之前去你家还会帮我开门，后来索性配把钥匙给我，连起床打个照面的时间都省了。"凯蒂小姐伸出没有手指的手套指控。

"我们交往这么久了，还需要注意那么多细节吗？我是把你当成未来结婚的对象啊！"这种鬼话大概也只有路飞说得出。

两个动漫界巨头在大街吵起架来。

"那我问你，凯蒂猫的生日、身高、体重各是多少？"凯蒂小姐问路飞。

"1974年11月1日生，身高3个苹果高，体重3个苹果重，血型是A型。"路飞对答如流。

"那我的生日、身高、体重各是多少？"凯蒂小姐又问。

"大概是……应该是……"路飞看起来头很大。

"看吧！还说什么结婚对象，你对我的了解还不如一个虚拟的动漫人物，我看你跟凯蒂猫结婚算了？要不然跟路飞、乔巴还是香吉士，随便你！"凯蒂把头套摘下，挂着两行泪，转身离开。

"我不是不知道，只是没记起来。"路飞喃喃自语。

你跟路飞一样，被女友抱怨过只关心动画、游戏超过她吗？越来越多的男人出轨的对象不是女人，而是计算机、网络、动漫、游戏……这些男人说起来振振有词："我很老实又没出去乱搞对象！"

身为一个男人，如果你迷恋其他事物的程度远大于女朋友，让女朋友觉得跟你在一起像活守寡，那就堪比出轨了。这是对女人而言的定义，你可以不信，然而，如果你想跟女人谈恋爱，最好要考虑下这一点。

记得要给活生生的人多一点关心，才不会有血淋淋的教训。

男人比女人更痴情吗

"Ella 这次一定逃不出我的手掌心,七年了,我不相信她不会感动!"东东自信满满地说。

"如果 Ella 又拒绝你,我愿意自动进入你的手掌心。"我看着门口那辆崭新的宝马说。

"不可能,我已经排除了所有 Ella 拒绝我的理由,现在的我简直帅比金城武,富敌郭台铭,没有女人会拒绝我。"东东边说边拨弄一头浓密时髦的发型。

7年前,东东的头上可没有这么多头发,当时的他有点脱发,住在分租的小单间,骑的是50CC的小摩托车,长相也和金城武沾不上边。为了追到 Ella,他努力赚钱,因为 Ella 不喜欢穷小子;他买车子,因为 Ella 讨厌坐摩托车;他换工作,因为 Ella 觉得他的工作没前景；他去植发，因为 Ella 不想跟秃头交往……每一项 Ella 拒绝他的理由，他都一一改善，以惊人的毅力与努力，变成 Ella 理想中的爱人。

3个月前，东东第 N 次向 Ella 表白，Ella 还是摇头。"这次又是什么理由？你嫌弃我的那些，我全改正了，还有哪里需要改进？"

"我不喜欢你的长相。"Ella 的一句话，让东东跑遍城里的整形医院，几乎换了一张脸。姊妹闻讯，纷纷被东东的痴情感动。

今天，他又约了 Ella，只见 Ella 张着嘴巴站在他面前。

"你是东东吗？" Ella 不可置信地盯着他的俊脸。

"不瞒你说，我还去了眼袋，打了脉冲光跟磨皮，怎么样效果不错吧？"东东得意地拍拍自己的脸，笃定地说："这下你没理由拒绝我了！"

没想到 Ella 还是摇头："很抱歉，我已经怀了男朋友的孩子，下个月要结婚了！你死心吧！"

"不！我不会死心！只要你愿意，我可以把他当成自己的小孩。"东东哭丧着脸说。

"精诚所至，金石为开。只要我不放弃，持续付出，哪个女人不感动？"你跟东东想的一样吗？如果是，那么我恭喜你，你是女人梦寐以求的男人，浪漫又深情；只不过，这招可不是对每个女人都适用。大家都说女人是最容易被感动的动物，但也有很多女人对她不喜欢的男人其实是铁石心肠。

痴情男令人感动,但是天底下有多少男人是这样剩下来的,以为坚守着这辈子的唯一,却成了孤孤单单一人。精诚所至,金石不开。爱情不是靠努力就能赢得,痴情也要看对象!

别忘了,痴情的"痴"和白痴的"痴"是一个字。

不做不会埋单的男人

"非常感谢你给我这次机会做实战练习。"阿陶挥动着皮夹对我说。

"说起来我才要感激你,让我有机会享受被埋单的服务。"我边说边把阿陶往闹街带。

阿陶因掌握不住埋单或不埋单的时机,老是被女人嘲笑,这回他找我练习,我有义务训练他如何替女人埋单。

我们先经过一家新开业的港式茶餐厅,二话不说,我直接点菜。

"吃螃蟹吗?来个避风塘炒蟹吧!"

"现在不是吃蟹的季节,这时的螃蟹不好吃。"阿陶说。

"那改点鱼吧,吃鱼健康。"我说。

"你疯了！这里鱼很贵，你喜欢吃鱼，我改天去菜市场买一条鱼煮给你吃。"阿陶说。

"好吧，那来个腊味滑鸡煲仔饭好了，便宜又好吃。"我刚说完，阿陶马上变脸："嫌我赚得不够多，担心我付不出来啊？"

臭着脸吃完饭之后，我们经过百货公司，想到家里的乳液没了，我想顺道绕过去买，谁知道阿陶把我拉到一旁。

"先说好，我埋单的是约会必备品，不是这次训练需要的东西，你自己埋单。"

我给了阿陶一个白眼："我并非爱占便宜的人，又没要你埋单的意思，干吗那么小家子气？"

既然到了百货公司，刚好可以去瞄一眼新一季的包，我才刚靠近门口，又被阿陶拉到一边，"别以为男人不懂时尚，这牌子我见过，很贵，你一定要逛吗？我不是不让你进去，但我得提醒你，别人会以为我是你男朋友，会替你埋单，一定会猛灌你迷魂汤，夸你背起来好看，到时候你不买也不好意思。"

至此我已经完全理解他的问题在哪儿了，避开名牌店，我走进药妆店，做最后的测试。阿陶识相地在一旁等我，要我别急慢慢挑，而当我走到结账柜台，阿陶果然掏出钱，抢着埋单。

唉，我摇头，不了解何时该埋单、何时不该埋单的男人肯定交不到女友。

"这是我刚特地帮你买的，下次埋单前请先看清楚。"我把卫生棉递给阿陶。

很多男人抱怨，跟女人约会不知道该什么时候埋单，什么时候不埋单。这类跟阿陶一样不会埋单的男人，有时比不埋单的男人还要糟糕！你预设了埋单的底线，当你心里的算盘被泄露了，女人会认为你的底线就是她所值得的价钱，把女人定价物化。

解决的方式是你该学习一下观察女人的行为，判断她希不希望你埋单，而不是企图找一个简单方便的答案，要别人直接告诉你该掏钱还是不该掏钱。在判断过程中，你也能发现你和她的价值观差异有多大，当作未来是否要继续交往的考虑。

永远抢着埋单不一定能买到女人心。

不麻烦就不叫女人

"这款相机好,你看多轻,用起来一定很顺手,不愧是年度评比颜值最高机型!"小健兴致勃勃地把相机交给莎莎。

"嗯……"莎莎不经意地看了一眼,又把相机摆回去。

"来,你看这台也不错。"小健继续吐沫横飞地介绍其他产品。

"唉……"莎莎一声长叹,把满脸堆着笑、快步靠近的销售人员给震退三步。

"为什么每次来逛3C卖场,你就非得把气氛搞僵?"小健有点上火,忍不住抱怨起来。

"不是已经说好,要去逛精品特卖会,为什么要来看这些东西?"莎莎一脸不悦,双手抱胸说。

"我只是顺路过来看看,等一下再去特卖会不行吗?"

"人家精品特卖会是限时抢购的,去太晚好货都没了!我不管了,你慢慢逛你的相机,我先走了。"莎莎甩头就往出口去。

"刚刚吃饭是你挑的餐厅,我可没吭声,乖乖付账,现在只不过逛一下3C卖场,你也要剥夺我的乐趣!"小健想了三秒,还是决定跟上。

"这不一样,我们这次出来叫作逛街,当然是以我为主,逛3C卖场并不是逛街,那叫买东西,不在计划之内。"莎莎正经地说。

"等一下,我先去洗手间。"莎莎走到一半突然刹车。

"你不是刚刚才去过,怎么现在又要去?真麻烦!"小健嘴上嘟囔着。

"你不知道女人就是这样麻烦吗?"莎莎白了小健一眼。

"你能不这么麻烦吗?一下这样,一下那样,还要我个大男人,拿着你的凯蒂猫提包。"小健再也不想忍了,干脆直接还击。

"你真是一点男人的自觉都没有!逛街的时候,男人要做的就是拿包、付钱、提东西。"莎莎也不是好惹的,伶牙俐齿地回应。

"那请个菲佣跟你一起逛不就结了,要我干吗?"小健怒火指数已经爆表。

"那可不一样,你什么时候看过一个女人逛街的时候,搂着一个菲佣?"莎莎问。

"那这样好了,我去找个菲佣,省事多了。"小健把凯蒂猫提包交回给莎莎。

不下100个男人跟以飞抱怨过陪女人逛街很麻烦，举出女人在其他场合也很麻烦的男人，更不计其数。总之，只要是男人都觉得女人麻烦，少部分受不了麻烦的，干脆不谈恋爱了！有些则抱着一丝希望，换一个比较不麻烦的女朋友，但是到最后，他们会发现，只要是女人都麻烦……于是这些人全都变成了剩男。

老实说，不麻烦就不叫女人了，但女人可爱之处也不少，凡事总有一体两面，享受好的，也要忍受不好的。如果你痛恨这些麻烦，大可舍弃一切俗念，成为快乐的剩男，享受你的自由，这样也很好，并非每个人都适合婚姻和恋爱；可别一边嫌烦又一边喊缺爱，这种男人最讨厌！

不麻烦就不叫恋爱了！

没有很喜欢，可以不买

"麻烦你帮我看看，这套西装好看吗？"Simon 从更衣室出来，一身笔挺的西装衬得他身形修长，我忍不住笑着点头。

"很不赖，黑色很有质感，显得很有气质。"

"可是，我觉得灰色这一套比较适合平时上班穿。"Simon 拿起另一套灰色西装往身上比试。

"其实，你的身材蛮适合穿西装的，灰色的那套也行。"我说。

"但是黑色西装的剪裁比较好，不是吗？"Simon 皱着眉说。

"要不然两套都买吧，以你的财力绰绰有余。"大小姐我已经有些不耐烦了，怎么一个男人挑西装也跟我妈在菜市场挑水果一样，三心二意的。

"可是明天的晚宴场合很重要，公司高层都会到，我还是买黑色的吧！"Simon 似乎这才回忆起来买西装的目的。

"那就黑色的吧！"我挥手想请店员过来结账。

"等等！黑色这一套我平时穿不到，还是灰色的好了。"Simon 反悔了。

"OK，灰色的，决定了吗？"我最后一问。

"其实，两套我都没有很喜欢……"Simon 突然叹了一口气。

"既然都不喜欢，那就别买了！我们再去别的百货公司看看！"我一把拉走 Simon。

"不行！时间来不及了，我一定得先挑一套！"Simon 边说边走回店里。

"你这样买东西不会后悔吗？"我看到 Simon 再度无奈地拎起黑色西装。

"当然会啊！我最不喜欢临时买东西凑合着用，最后的下场常是放在衣橱里，就穿那么一次。但是没办法，经常是临时要用的，只好先随便买一个，应付场合。"说这话的同时，Simon 已结了账。

"那你下次买东西，多挪出点时间，仔细地逛，考虑清楚，别买了一堆不喜欢又用不到的东西。"我提出建议。

"哪有那么多时间逛？大家的生活不都是几秒钟、几分钟之内就必须下决定吗？我们快点吧，还得买搭配新西装的领带和鞋子。"Simon 拖着我跑。不到 10 分钟，我们已经把全身的配件都买完了。

"看你满手的东西，我帮你拿一些吧！"我好心地要帮 Simon 提东西。

"不用了，我女朋友来了，都给她提吧！"Simon 指着百货公司门口一个身材高大的女人。

"哇，你女朋友好高啊！"我赞叹道。

"其实我也不是很喜欢她，但年纪不小了，加上工作忙，没时间多挑。她会开车，个性独立，个子又高，力气大，出门买东西、倒垃圾时能当个好帮手，想想先顶着用也不错。"Simon 认真地说。

你跟 Simon 一样，用"先顶着用"的心态在交女朋友吗？先相处看看再说，挑来挑去也不见得会挑到更好的，不如就先交往着吧。买东西虽然和谈恋爱不同，但这种先应付急用的心态却很常见。可能是年纪到了，可能是家人催了，可能是寂寞了，不管三七二十一先交个女朋友再说。

可惜人和西装不同，西装能摆在衣橱里不去动它，人可不行！用暂时顶着先去谈的感情，不可能成为一辈子的爱，徒然浪费你和她的时间而已！就像可抛式的隐形眼镜和普通眼镜，两者的命运截然不同！

东西和爱情都一样，慢慢挑才能挑上好货。

爱情时差

"亲爱的，我们认识周年纪念，你说是要去吃西班牙菜，还是安排个出国旅行？"靓靓嗲声嗲气地说。

"我们才认识一周年，要计划的不是怎么玩乐，而是应该好好想想未来的日子应该怎么过。"Paul 的眼神不像开玩笑，认真地看着靓靓说。

"可是，周年纪念也很重要啊！那是记录我们相爱过程的一个里程碑。"靓靓不愿放弃。

"第一年只是一个开始，未来我们会度过无数的周年，不需要浪费精神和金钱在这种每年都会发生的事情上。现在生活压力那么大，不趁机会多存点钱，等将来你老了之后要怎么办？"Paul 以严肃的口吻纠正靓靓。

"之前我的生日也没一起庆祝，更别说情人节了，那要不这样，小庆祝可以吧，最起码也得出去吃个饭、逛逛街之类的。"靓靓苦着脸地抱怨。

"我讲了那么多，你还是没懂，我不跟你说了，这种绕来绕去的闲聊毫无结论，就此结束吧！我晚点还得赶回公司开会，你把咖啡喝完，也赶快回家，你不是有份要提给客户的企划案还没做完吗？认真点，别又迟交了！"Paul说完便站起身，准备离开。

"Paul，那我们的周年纪念日呢？就这样没了吗？你真的爱我吗？"靓靓火了。

"我刚不是说过了，还要我重讲一次吗？就为了周年纪念这点小事，你把我从公司拖了出来，我抛下堆积如山的工作，陪你讨论了1个小时，我这样忍受你，还不够爱你吗？"Paul隐忍着不耐烦。

"我是你女朋友啊，你也不会迁就我，老爱用上司对下属的态度对我，跟你谈恋爱真累！"靓靓高声抗议。

"是女朋友也要讲道理，我这人一向理性、讲逻辑，做事认真，这不就是你当初喜欢我的原因？"Paul质问靓靓。

"我是欣赏你工作的表现没错，但我不喜欢你拿工作的态度对我！你看看现在几点？已经下班了！你有时差啊？"靓靓指着时钟说。

"啊！又浪费了10分钟了，我真的得回公司了！"Paul急着离开。

"好，那以后什么纪念日都不用庆祝了！"靓靓站起来说。

"你终于开窍了，不枉我和你沟通那么久，知道错就好，你再坐会儿吧！我先走！"Paul笑着说。

"不，我们分手吧！"靓靓冷静地下了结论。

许多男人自称理性动物，总是对女朋友讲道理，却对同事讲感情。女朋友有错，毫不放过，立刻纠正；同事有错，反而能容忍。女朋友任性，就在他面前论辩是非，争出个你死我活；同事不讲理，却能把它看成职场常态，说这是职场的考验。不管是拿工作的态度面对感情，还是拿处理感情的态度面对工作，都是爱情时差症，搞不清楚上下班时间，分不清面对的对象！

这种爱情时差混乱，最后的结果绝对是把工作和爱情都搞得一团乱。

上班是上班，恋爱是恋爱，别把工作态度带到女朋友面前。

别碰我的"脸"

"都几点了,你老兄真是没一点时间观念。"我晃着手表对 Nick 说。

"都怪你,要不是化妆化了老半天,我也不会迟到!"Nick 转过头去数落女友 Grace。

"好了好了,女孩子打扮花时间是天经地义,坐下来吃饭吧,菜我点好了。"我边说边拉开两张椅子,让他俩坐下。

"既然迟到了,今天这顿就由我请客,你可千万别跟我争。"Nick 豪气地抢下账单。

"早知道你要请客,我就应该挑贵的点。"我开玩笑地说道。因为这家创意中餐厅不用挑,菜单上的每一道菜都很贵。

"奇怪,我记得刚刚才取了钱,怎么这下又不够了?"Nick 边掏钱包边嘟囔着。

"你刚取出来的钱放在我这里,你忘了?"Grace 赶紧把钱递给 Nick。

"原来钱在你那皮包里,也不早点说,害我以为没钱付账,差点就在朋友面前没面子!"Nick 又数落起 Grace,Grace 依然默默接受。

"Grace 又不是故意的,再说是你自己忘了,怎么能怪她!"我忍不住替 Grace 说话。

"反正这事是她不对,先不说这了,我们很久没见了,怎么样,先来个餐前酒,再来瓶……你点的主菜是什么,要搭配什么酒?红酒还是白酒?"Nick 兴致勃勃地说着,Grace 却凑近他耳边,皱着眉低语。

没过几秒钟,只见 Nick 用力一摆手,推开 Grace,不悦地说:"我和朋友吃饭,你管那么多,会让我没面子!"

"什么面子不面子,我和你认识那么多年了,不用在意面子问题。钱不够是吗?那酒我请。"我轻轻拍拍 Nick 的肩,没料到 Nick 却跳了起来。

"谁说我没钱!说好这顿我请客,酒当然也是我请。"Nick 说完,向 Grace 使使眼色,没想到 Grace 一动不动,坐着喝起茶来。

"喂,你坐在这里干吗?快去取钱呀!"Nick 忍不住明示,低声催促着 Grace。

"我不去!"Grace 脸色一变,连我都吓了一跳。

"请把刚刚的钱还给我,那是我的钱,并不是你的。"Grace 冷冷地说。

"你说什么,我怎么都听不懂……"Nick 的脸因为愤怒开始扭曲。

"明明是你自己迷路耽误时间,又忘记取钱,为了给你面子才说是我的问题,没想到你还得寸进尺!你卡里已经没钱了,要我怎么领取啊?"Grace 边说边瞪了 Nick 一眼。

你跟 Nick 一样,最讨厌人碰你的"脸"吗?只要涉及面子问题,自尊心就会跑出来作怪,尤其在朋友面前,只要女朋友稍微触及你的面子问题,就怒不可遏?自尊心强的面子男,需要搭配的是个懂事温柔的女孩子,事事顾及你的面子。问题是人人都有自尊心,现在的女孩子自尊心也很强。如果两个人都是爱面子,这恋爱怎么谈都不会有好结果,最终下场就是寂寞的两个人各自抱着自尊心,独自入睡。

强大的自尊心在爱情里绝对是障碍,如果不想办法抛弃面子,变成乏人问津的剩男可会更没面子。

谈恋爱绝不能太要面子。

结婚是最快的升迁

"挑女朋友跟找工作一样,要是挑错了,一辈子就毁了!"阿达语重心长地说。

"我知道你眼光一向很高,要不然也不会到现在还是单身。"

阿达在剩男圈颇负盛名,交往过的女友个个皆是名模级别,但是截至目前都没有修成正果,令人不禁怀疑起他的性取向。

"我的眼光不算高,只是没遇上好对象,总不能随随便便找个人凑合吧,Rachel 算是目前最佳的选择了。"要是 Rachel 听到这些话,恐怕会开心上三天三夜。

"那这次大概没问题了,什么时候请我喝喜酒?"我问,看来阿达的性取向已经水落石出了。

"这很难说!要是 Rachel 她老爸这次没有选上董事会,我们就结不成婚了！"阿达表情凝重地说。

"万一她爸没选上董事会，你也不用把责任揽到自己身上吧？"

"如果她爸选不上董事会，对我的事业一点帮助也没有，那我还跟 Rachel 结婚做什么？"阿达对我解释。

"你太现实了吧！"我忍不住惊呼。

"不，我这叫实际。结婚是男人最快的升迁渠道，不好好把握，就一辈子错失良机。"阿达说。

"难道你不是因为爱 Rachel 才跟她在一起的吗？"

"我的爱是比较实质的，譬如说对方家里财力雄厚，或者是家族势力庞大，对于事业上有帮助的，我都特别爱。"阿达微笑着回答。

"也就是说，你的感情是建立在对方的家世背景上，家世背景越好，你的爱越深？"我冷冷地问。

"这我就必须纠正你了，不光是家世背景，如果她自己本身就是成功人士，坐拥数亿美元身价，也在我的考虑范围，我的条件其实没那么严苛啦！"阿达笑着补充说。

"你是在挑老婆吗？我觉得你像在挑老板……"我没好气地说。

"挑对老婆上天堂，挑错老婆可是会路边躺，当然要多比较一下！"阿达说。

很多的剩男视野辽阔，看得比较远，坚信自己出生的家庭虽然没办法选择,但是挑老婆是一个绝佳的翻身机会,因此把对方的物质条件放在首选,不去考虑感情因素。虽然这样的做法可能使自己获得快速的成功,但是没有爱情基础的感情就像没有地基的房子,绝对不会稳固,随便来阵强风、地震,就倒了,来得快去得也快。

把老婆当情人就好,不用当贵人。

叁　脱单秘籍：女人篇

一刀毙命的关心

有个电影是这样演的,某位大哥头上着火,旁边的小弟急忙拿酒壶帮忙灭火,结果可想而知。小可的关心就像这样会要人命!

跟小可认识这么多年,修养越磨越好。毕竟面对一个年纪不小,谈吐跟应对进退却像小朋友一样"率真"的人,脾气很难不好。

"什么,又感冒了?不是我爱说你,自己身体不照顾好,万一你爸妈哪天住院,或者出门发生意外该怎么办?"电话那头传来令人难以招架的关心,差点害我病情加剧。

"我爸妈身体一向不错,运气也不赖,这事你就别费心了。还是说说你家尼克吧,你们进展如何?"不赶紧岔开话题,真怕她问候我家祖宗十八代。

"吹了啊,真是不知好歹,早警告过他,车子买好点,才不会一撞就散,出了事还怪我……"小可抱怨。

"也对，好车安全点，就像说话，婉转点，听的人比较不会难受。"我说。

"干什么这么虚伪，我这个人一向是有话直说，绝不隐瞒！"

"我了解，率真是你的特色，以前跟你交往过的都知道。"讲话带刺的人我是看多了，这种有意无意就吐出"流星锤"的，绝对是少数。

"不过真的很奇怪，我已经尽量用关心跟爱来对待他们了，怎么结果还是分手，是不是关心的不够啊！"小可疑惑。

"够了，别再关心下去了，我怕他们无福消受。"其实我想说的是怕他们没命消受。

"我现在正在研究星象，发现星座应用在消灾解难的时候挺实用的。对了，这周你要小心血光，还有交通也要注意，这周你可能会出车祸，还是待在家里不要出门好了。你放心，以后我每个礼拜会跟你报告一周运势的。"小可兴奋地挂上电话。

唉，女人长得漂亮，是没有用的，话也要讲得漂亮才有用！

为什么男人总是离我远去，不要说三从四德了，插花、刺绣、煮饭、写书法、十八般武艺我样样精通。男人怎么这么没眼光，害我变成剩女。事实上，男人都是有眼光的，但是耳朵更灵光，说话就像飞刀一样锋利的女人，除非聋子才能受得了。

别再把过度率真当作优点，有话直说是好事，但讲话也要看对象、看场合、看时机、看状况。这不是虚伪，是智慧。

除了真话，也要多说好话，好话就像摆盘一样，会为一道好菜加分。

十级地震的决心

"原来你还在家里,连电话也不接,我还以为发生了绑架案。"我望着快被衣服淹没的 CoCo 说。

"对不起啦,我昨天睡觉前已经准备好要穿的衣服,但是要出门前突然觉得好像会下雨,衣服必须重挑,所以才耽搁了一点时间,你再等我一下吧!"CoCo 的"一点时间"足够去坐一趟高铁了。

"没关系,你慢慢挑,现在不急了,大家 1 个小时前就解散了。"我拍拍 CoCo 的肩膀说。

我想大家都经历过地震吧,那种天摇地动、站都站不住脚的情境,任谁都不想遇上。偏偏 CoCo 面对事情的态度,就像地震一样摇摆不定。

跟 CoCo 从小学一直同班到高中,让我明白和她做朋友,绝对要有艰苦卓绝的耐性。就算只是出门去趟超市,别说是要买的东西了,连要穿哪双鞋,都可以让她花上个小时才能想好。

"大家都走了?怎么会这样?那……你说的那个男生今天去了吗?哎呀,还不是为了他,挑衣服才出不了门的……"CoCo 故作可爱地嘟了一下嘴。

"你自己都有男朋友了,还不留些给别人挑?"我瞪她。

"你误会我了,我不是想劈腿,只是不知道该选哪一个。"CoCo 讲这句话的时候,我连忙关上大门,生怕隔墙有人受不了她,冲进来把 CoCo 给做掉。

"难道你都没有好好思考过,自己真正想要的男人是哪一种吗?"这话一出口,我立刻发现说错了。

"我当然有好好思考啊,像 Allen 他很贴心,这点很重要;Billy 则是事业有成,事业也很重要;Colin 的责任感最让我着迷了,责任感也不得不考虑……"CoCo 扳着手指数了起来。

"等一下,我是指认真思考'哪一个'男人是你要的。"为了强调语气,我还在 CoCo 面前用手指比了个一。

"我知道,他们'每一个'都是我想要的啊!"CoCo 认真地说。

天啊! CoCo 的语文老师们,请原谅 CoCo 吧!她是真的不知道,结婚只要一个男人,不是要跟每一个男人都结婚。

这样很好,那样也好,这个想要,那个也想要,每一个都不想放掉。外表重要,学历重要,家庭背景也重要,什么都重要……这样的态度不叫不挑,不叫随和,而是贪心!是逃避!搞不清楚自己想要的，不敢为自己的选择负责任。这种摇摇摆摆、犹豫不决的性格不只会影响自己，也让别人望而却步。

试着调整自己的心态，每一个决定都是好决定。肯定自己的选择，勇敢承担选择的结果。小心，你再迟迟不决，就得让别人来决定你的未来，例如，你身边的好男人都决定和别人结婚了……你该不会笨到把自己人生的主导权放到别人手中吧？

真爱在哪里？其实就在每一个选择里。

门神不用带出门

"今天的牛排还及格吗?"我小心翼翼地询问 Megan。

"嗯。"Megan 放下刀叉,微微点了一下头,摆动不超过5°。

"那接下来你想去哪里看电影,还是找个地方吃甜点,填饱另一个胃。"为了缓和气氛,我特意装出儿童台才听得见的可爱语调。

"我没意见。"Megan 的回答瞬间把我冰封,正好经过的服务生也被她的冷酷震慑住而呆立原地。

风景可以用来杀这件事情,我并不是在教科书里看到,而是跟 Megan 认识之后才见识到的。不论再热闹的气氛,只要有她在必定冷场,不冷包退包换。

"你等一下可以陪我去个地方吗?"Megan 缓缓地说。

"真的吗?什么地方?天啊,认识这么久,第一次听到你主动开口要求,尽管说,不管上刀山、下油锅我都陪你。"我兴奋地摇晃着 Megan。

"我想去整形医院。"听到这句话，我连忙用手扶着下巴，免得变成我去看医生。

"为什么去整形呢？你长得也挺美的，该大的不会小，该小的不会大，除了比我差一点，也没有需要挑剔的地方啊！"

"真的吗？那为什么每个男人跟我出去之后，都会跟我说谢谢再联络，然后就再也没联络了。"Megan 疑惑地问。

"这很好治，不必找医生，我来就可以。"我拍拍胸脯说。

"真的吗？"

"当然是真的，我还会骗你吗？你先把眼睛闭起来，然后摆出一个跟男人出去最常做的表情。"我说。

Megan 乖乖配合，这时我把镜子放在她的面前："好了，睁开眼睛吧！"

"哎呀！这是什么？"Megan 惊叫一声，跌倒在地。

"门神啊！每间庙门都有，你不认识吗？"我说。

"这怎么会是我？脸色好难看！"Megan 一脸不可置信。

"别说你不相信了，我想那些男人也无法相信，自己怎么会带了个门神出门，把大家都给吓死了。"我边说边把 Megan 拉起来。

谈恋爱不是商务谈判，喜怒不能形于色，也不是每天敷着面膜谈，表情多了会有皱纹。如果你老是习惯摆出一副面无表情的臭脸，就不能怪你的男朋友不带你出门见朋友，也别怪男人老是和你说再见，更别怪约了你一次的男生就再也没出现！没有男人会喜欢带个门神出门!

　　门神和女神虽然只有一字之隔,却差得天高地远。女人当然要当女神,别当门神。从现在起请开始练习对着镜子笑,对路人笑,对所有见到你的人笑,从你的表情管理开始改变,你的恋情也会跟着改变!

　　有好脸色才有好恋情,出门带个镜子吧!

立正！敬礼！好，可以亲了

"你觉得他是什么意思啊？"Judy 的胸部放在桌上，让我很难专心。

"还有情人节我问他有没有空，他说有，却没任何表示，你觉得这正常吗？"Judy 的胸部在桌上激动地晃动，我都快被晃晕了。

"Emily 说我应该不要接他电话，但是珊珊认为我应该主动联系他，跟他谈清楚，你觉得呢？"Judy 又往前倾。

"你在等我投票吗？"实在太晕了，我闭上眼睛不去看她。

"对啊，我很想知道你的意见，毕竟你是两性作家，听你的一定没错。"Judy 开心地边摇晃身体边说。

我很少和 Judy 单独出来，这次 Emily 和珊珊都临时有事，我倒霉落单了。每次一见面，她就喜欢问我们对于她和她男朋友的相处有什么看法。一开始我还会说点意见，后来发现 Judy 真的会听从我们的建议去做，我变得不喜欢发表意见。

就拿上回的事来说吧，Judy 问我们她应不应该和男朋友分手？

"应该啊，你不是说他很差劲，那就分啊！"Emily 说。

"不要分，他条件不错，放他走很可惜。"珊珊说。

"那你呢？"Judy 问我。

"如果我是你，可能受不了这样的人吧。"我随口说。

两票对一票，分手。第二天，Judy 真的跑去分手了。没一个星期，Judy 又找我们出来。

"你们觉得我应该跟他交往吗？"她有了新对象，又要我们投票。

Emily 和珊珊各投赞成和反对一票，我没投票，于是 Judy 打给另一个姐妹，她投了赞成票，于是 Judy 开始和新男朋友交往。

"快点说啦，你认为我应该怎么做？等他联系还是主动联系他？"Judy 追问。

"你自己都不知道怎么做，我怎么会知道？"我忍不住发飙。

你也是 Judy 这样的女孩吗？明明身材很好、外形条件很好，却对自己没信心，习惯找姊妹当军师，指挥你谈恋爱吗？一遇到对象就来问该不该交往，接着问他这样做、那样做是什么意思，连要不要和他接吻、上床也喜欢问姊妹的意见，你不累吗？

是你在谈恋爱，不是你的姊妹在和你的他恋爱。你要问的对象不是好姊妹，而是他，当事人。请把和姊妹闲聊的时间拿来和他沟通吧!

如果你总是听信姊妹的意见,不相信他说的话,不如和姊妹恋爱!

懂小姐的危机

"这种事你应该早点来找我!"我还没坐下,小雨已经拿出一沓塔罗牌。

"来,抽一张。"

"我不是要来算命的。"我推开塔罗牌。

"算了算了,不用抽牌我也知道,你和他一个月内铁定分手。"小雨一副铁口直断的架势。

"干吗这么说!我跟他只是吵架,很快就会和好……"

"男人都一样!"小雨立刻打断我,"别以为你的男人和别的男人不同,这点你就太天真了,书读那么多有什么用,一点都不懂男人的心理。今天他会跟你吵架,表示他对你不满很久了,怎么可能简简单单就摆平。"

"可是我们……"我想再把情况解释清楚,但这想法似乎比中大乐透还难实现。

"听我的准没错！不要看我这样，没人比我更懂男人。"小雨自豪地说，再度打断我。

接下来的两小时，小雨忙着分析男人的心理，从追求女人的猎人心态、追到手便觉得无趣、觉得女人的浪漫要求很无理，一直讲到男人对婚姻的恐惧，巨细靡遗，就是不让我把话说完。

"好了，时间差不多了，你该走了，我等下还有两个约会，都是要来请教我感情问题。这本手册你先拿回去看，是我整理好的重点。"小雨说着递给我一本印刷精美的手册，里面是男人遇到各种状况的心态说明，还有图表分析。

"哇，小雨，你真的很懂男人啊！"我忍不住赞叹。

"那当然了，我是男人专家，网络昵称懂小姐。如果回去以后还有问题，可以先上我的博客或到PTT版上搜索一下，我平常都在指导网友怎么谈恋爱，积累了很多文章。要是有紧急状况，微信、微博都能联系上我，我下了班几乎都在线上，随时待命。"小雨搭着我的肩，把我打发了出去。

"为什么你到现在还没结婚？""因为我太懂男人了，知道男人的真面目，反而结不了婚。"你像小雨一样是懂小姐吗？自认为很懂男人，能轻易看穿男人的把戏；男人想约你，还没开口，你就已经知道了结果；男人喜欢你，不用表白你就看得出来；男人想出轨，你用膝盖想就知道。

小心懂男人变成你的障碍，了解不是坏事，太过了解就会变成自以为是。他还没说，你就先有预设立场，急着帮他发言，这样的"懂男人"反而是沟通大忌。没有男人喜欢跟自以为很懂他，实际上却不愿意花时间理解他的女人在一起!

男人是人，不是同一批号一模一样的公仔。

男友还不如卡友

"这次我已经下定决心要辞职了。"佩真红着眼睛说。

"恭喜！"不知道这回是不是狼来了，我照例不放过多感情，以免又被骗。

"我想清楚了，真的不能再因为工作，而把男朋友晾在一边。"佩真开始虚心检讨。

"哪有人工作一来，就可以十天半个月不见面的，连电话也不接。"感觉佩真这次像是玩真的，连忙数落她两句。

"我真的是不对，不过就是工作嘛，怎么可以让那么多好男人心碎。"佩真边说边把 iPad 打开，开始把有关工作的通讯录一一删除。

如果说革命需要十次才能成功，佩真喊辞职也早已超过十次。每每因为工作而导致分手，男朋友总怪她太在乎工作，事事以工作为重，只要工作一来，男朋友就直接被打入冷宫。男朋友比同事都惨，同事每个月还有几个字通知，佩真的男朋友可能要报警才能知道她在哪里，何时会出现。每次分手后，佩真都哭得稀里哗啦，发誓不再因工作而冷落男朋友，毕竟年纪渐渐大了……

"这个客户我经营很久了，这家供货商的货是我们公司里质量最好的……"佩真的手指头像苍蝇一样在键盘上方飞来飞去，迟迟无法下手。

"工作诚可贵，生命价更高，若为爱情故，两者皆可抛啊！"真是佩服我的文学造诣，竟能说出这么有深度的话。

"没错，爱情重要，想想我这么会算，一年帮公司赚那么多，竟然赚不回自己的爱情，真是太傻了！"佩真感叹。

"就是这样，坚持住，全删了吧！就快成功了，只要一根手指头按下去就好。"我大喊着。

还真是一根手指头按下去，只不过按下的不是删除键，而是手机的接听键。佩真一听说自己办的周年庆活动出了问题，马上飞奔回公司，连咖啡钱都没付。我真想去检举佩真公司的老板是不是用什么诱骗的方式在控制她，要不然一个女人怎么会对工作上瘾成这样子。

"要工作还是要男朋友？""不能两个都要吗？"

很多工作杰出的女人希望两者能兼顾，既要工作升职，老板肯定；也要爱情升级，男友情深。然而，一个人再能干也只有两只手，再聪明一天也只有24小时。你不可能同时把工作和男朋友都放在第一位，花同样时间却把两个都经营得很好。

生命中的每件事都有重要顺序，当家人发生事情，你坚持不请假，继续为公司效力；当男朋友需要你，你坚持待在公司，为老板的高尔夫球聚会打电话联系。这是每个人的选择不同，没有正确答案，心力放在哪里，成绩就在哪里。

如果你过分重视工作而成为剩女，要么就继续坚持，当个职场女将，珍惜工作成就，不要在乎结婚的框架；要么就好好检讨自己，是不是排错了顺序，工作虽然难找，好男人更难找！

珍惜男朋友的女人才会有爱情。

"果汁机"

"老天爷啊,你为什么要这样对我?"喝醉的雪莉一屁股跌坐在人行道上。

"人家是没人追才借酒消愁,你是嫌男人太多在烦恼吗?"我不怀好意地说。

"我没有嫌,是真的不合适!"雪莉眯着眼睛说。

"哪里不适合? Eason 对你那么好,聪明幽默,收入也不错。"我为 Eason 叫屈。

"我只希望他能高点,基因很重要,以后生出来的小孩要是太矮会自卑,人格不健全。"雪莉边说,我边踮起脚尖,"谁说人矮会自卑啊?"

"那阿杰呢?身高180厘米,够高了吧!我可是很欣赏阿杰的身材。"

"他肩膀不够宽，靠起来没有安全感。"雪莉摇摇头。

"天啊！这还不叫嫌弃吗？"我忍不住抗议。

"我只不过想找个符合我条件的男人而已！"不知道是男人太多，还是啤酒喝得太多，雪莉打了个酒嗝。

非洲有多少小朋友没饭吃，我们难以想象，如同雪莉无法想象全世界有多少女人找不到男朋友。

"我对男人的要求不高，十个条件而已。第一，个子要高。第二，肩膀要宽。第三，收入比我高。第四，家住北部，我不想嫁到南部去，离开我熟悉的地方。第五，要有责任感。第六……唉，你那什么表情？我不说了！我很贪心吗？不过就简单的几个条件而已。"雪莉激动地说。

"对，条件很简单，只是，符合第一个条件的却不符合第三个，符合第四、第五的不符合第六……"我说。

"没错没错！十个条件全部都符合的男人，到现在一个都没有！我不想降低标准，只好继续单身了！"雪莉又开了瓶啤酒。

"这简单！你就买台果汁机，把Eason、阿杰和其他追求者全部放进去，混合一摁打成一大碗，就什么条件都符合啦！"我笑着说。

"不知道现在的科技，可不可以定做一个男人？"你也有过这种念头吗？觉得全世界找不到一个适合你的男人，应该量身定做才有可能……如果有，请拿出你的笔在要求清单上把其中几条划掉！

很多要求是冲突的，"幽默风趣"和"成熟稳重"很难发生在同一人身上，你只能选一个。喜欢待在家里不往外乱跑的人，自然不会有很多朋友，要他个性活泼主动就是强人所难了。事情都是一体两面，爱情也是，沉默寡言是缺点，但换个角度，不多话扰人算是优点。

请把你的要求清单过滤一遍，把冲突的部分删掉，把他的缺点再想一遍，或许有些缺点能变成优点……看吧，符合你条件的男人变多了吧？还不快点准备去约会！

别硬要老鹰有宽大的胸膛，要牛的背上长出翅膀。

超速的深情

"你说实话,到底我哪里不好?为什么 Paul 不喜欢我?"梦梦的大眼睛已经准备好要泄洪了。

我是招谁惹谁了?不过是办了个烤肉聚会,邀请 Paul 也喊了梦梦,让他俩从中认识,现在两个人的相处出了问题,居然要让我来解决。

"Paul 说,他觉得你太……认真了。"我小心选择字眼,不敢把 Paul 的话一五一十说出来。

"认真不对吗?谈感情本来就应该认真啊!"梦梦感情丰富,刚落泪就惊天动地,整个餐厅的人都在看着我们。都怪我昨晚答应 Paul,替他把话说清楚。

"你不喜欢梦梦,为什么不自己跟她说?"昨天我这样问 Paul。

"我发誓我说了，但是她听不懂！我说跟她不可能进一步，她说没关系，她可以等我回心转意，愿意等我到地老天荒。天啊，这是我奶奶那个年代的台词吧！"Paul 说。

"是你太大惊小怪，梦梦只是性格浪漫。"我赶紧替朋友辩解。

Paul 的脸却突然扭曲，跨过桌子对我大吼："我只不过感冒没去上班，她带了鸡汤和补品闯进我家，说愿意守护我一辈子！还送外卖到我公司，要我把她的真心和便当一起吃了！每天一日三餐还要拍照发给我，不外乎要穿外套、要吃饭、要专心上班，净说些废话，还一大堆心啊疼啊的，说她会耐心等我回复。要怎么回复啊？我很听话，我穿了外套，你也要穿！要这样回复吗？拜托，我们只不过见了一次面！"

"可能她对你一见钟情，太喜欢你了……"我仍试图挽救梦梦的形象。

"你知道昨天她干了什么事吗，她居然在 QQ 上问我要不要一起生活？天啊！太恐怖了！我发誓连她的头发都没碰！"Paul 的表情已经转为惶恐。

"我用情很深，男人却不懂我的真心！""我很认真，他却逃跑了！""我对他付出这么多，为什么他不接我电话？"你跟梦梦一样，爱人的速度比结账还快吗？如果是，请控制一下你的速度，超速的深情不会让你抵达男人的心，只会把他们赶跑。

别怪别人不懂你的心，不了解你的付出，所谓深情应该是慢慢加深的感情，不是立刻就爱到无法自拔的滥情。

感情和开车一样，一下子就百分之百投入，就像油门踩到底，很容易失控。

全包式爱情

"哈喽！这是 Roger，我的新任亲爱的。"萱萱给我介绍完她的男朋友，还不忘来个爱的亲亲。

"你们好，两位看起来感情不错，好事应该近了吧！"我强忍作呕的感觉，堆着笑说。

"被你说对了，我们快要结婚了，应该就在下个月。"萱萱甜蜜地说。

"什么，你……"Roger 正要出声，就给萱萱捂住了嘴。

"亲爱的，这事就这么定了，我想你是爱我的，不会跟我计较这点小事，早结晚结不都得结。"萱萱巧舌如簧，Roger 一时也无法回答。

没错，萱萱看起来并不像剩女，但她还是剩下来了。类似的情形司空见惯，只要跟她交往的男人，一定会受不了她的全盘托付。

"Roger 对我最好了，他不但说要养我一辈子，还说要照顾我爸妈！"萱萱边说边把头往 Roger 胸口钻。

"这些事情你要不要先跟他商量一下，如果要结婚的话，还是先谈清楚比较好。"Roger 听我这样说，已经开始眼泛泪光。

"这些不需要商量的，亲爱的，如果你爱我，一定会爱我的全部，还会帮我解决一切困难，对吧！"萱萱又亲了一下 Roger。

"我……是爱你！"Roger 喘着大气说，"但是'全部'有多少，你能不能说清楚一点。"

"这还用说吗？除了我爸妈的生活费、房贷、车贷，还有我弟的信用贷款。"萱萱扳着手指头，突然对着 Roger 一笑，"其实，钱是小事吧！"

"那还有别的吗？"Roger 问。

"没什么特别的，只不过结了婚我就不能上班，要养身体准备生孩子，将来我们的生活琐事、孩子的教育费、亲戚朋友的红包、我爸妈的医疗保险、我弟妹的升学费用，都得有人包。"说到这里，Roger 就找借口离开到洗手间去了。

"你想找的是老公还是老爸，就算老爸也不用为你做这么多吧！"我说。

"很多吗？都很基本啊，娶我不就是要娶我的全部？"萱萱无辜地看着我。

"那我确定你得再找一个老公了，这位恐怕不会再回来。"我指着窗外偷偷发动车子的 Roger 说。

爱就要爱全部，那全部有多少呢？如果你像萱萱一样，买一送十，把自己相关的所有事全推到男朋友身上，你会发现，没几个男人真的爱你，个个都逃了。

并不是男人的错，爱你是要照顾你，照顾你的生活和你的家人，但是，爱是互相照顾，而不是单方面被照顾。你还在幻想着男人的爱是"全包"，找到真爱就能托付一切，那么，你恐怕要成为剩女界的"扛把子"！

不忙没人要吗

"真不好意思,又迟到了。"卡西穿着六寸的高跟鞋晃到我面前,拉开椅子坐下,"我这一路上电话接不完,一堆男人打来约我,你也知道,要约我得提前一个月,时间真的不好配合,刚进门前还推了三个约会。"

"我知道,今天能跟你吃饭是我的荣幸,等上区区两个钟头真的不算什么!"我举起手表说。

"太多人约也是烦恼,我正考虑换个手机,可以排行程表的那种,这样好管理行程。"卡西边说边拿出笔记本。

"既然这么多人约,你怎么到现在还没找到真命天子?"我好奇。

"当然找不到,因为人选太多,我不知道该挑哪一个。"卡西对我笑着说,"这你应该没办法体会,因为你不会有这种困扰,抱歉我得去补个妆,你等我一会儿。"

我看着卡西的背影想,真的很难体会,因为打死我都不相信,谁会想去约一个比春运车票还难搞定的女人!

"女人好约就是没身价,代表没有人追。"补完妆回来的卡西指着我的鼻子说。

"我是没什么身价,所以我身边只有一个男人,随传随到。"换我指着卡西的鼻子说。

"你把自己定位得那么低,好男人怎么会靠过来呢?"卡西轻蔑地推开我的手。

"那要怎么定位高,总不能拿个价签,写上价钱,往自己身上贴吧!"

"比这还简单,只要遵守'不忙没人要'的原则,约会绝对不能准时,只要约好的日子,少说也得往后推一两个礼拜,绝不能连续跟同一个男人出去,不按照规矩来,想插队的一概拒绝⋯⋯"卡西洋洋洒洒说了一大堆,还好没别的女人听见,要不然准有人气到一头撞死,觉得自己白活了。

"你确定这样真的可行?我觉得不妥!"

"听我的准没错,包你身价水涨船高。"卡西自信地说。

"阿姨,这是刚才你掉的。"一个小男孩送回卡西的笔记本。

"快拿来,小鬼,没偷看吧?"卡西紧张地抽回笔记本。

"整个本子都是空白的,还怕人家偷看!"小男孩说。

你也跟卡西一样,拼命地想让自己在别人眼中看起来很抢手,制造出竞争者众多的假象？别以为这样是善用男人爱竞争的心态，借机哄抬身价，让自己胜出，小心玩过头会变成"剩"出。

现在的男人变了，很多男人讨厌竞争，看到要竞标就放弃，反而喜欢简单直接的表白，然后确立关系。如果你有心仪的对象，对方也对你有好感，一拍即合不代表你就没身价；没有通过淘汰赛，很轻易就得到你，也不表示他不会珍惜你。千万别以为让男人抢的，才会把你捧在手心。

爱装忙的女人就像周年庆淘来的货一样，容易变成八百年用不到的东西。

一开门就分手

"将将将将!欢迎光临我的小窝!"小萌开心地打开房门。

"小萌,这门难道不能开大点吗?我最近有点胖,不好进去。"我用力推着半开的门说。

"门可以进出就好了,开那么大做什么,更何况来的人也不多,你可是少数获邀进入的嘉宾噢!"小萌躲在门后说。

"你确定这是你家吗?是正在装修还是准备搬了,我怎么看不见地上有路?"我望着堆积如山的杂物说。

没错,我真的是进入了一个"房间",但我真的看不见房间在哪里!我也终于知道为什么来的人不多,连垃圾回收站都比它整齐清洁。

"这当然是我房间,随便坐嘛,不要客气!"小萌踢开堆积如山的杂物,领着我进去。

"有男人进来过你房间吗？"我拨开一堆衣服，终于找到位子坐下。

"当然有，不过男人通常来过就不跟我联系了，真奇怪！"小萌边说边从杂志堆中抽出一包鱿鱼丝，"尝尝看，应该还没过期。"

"你房间也该整理整理了。"我委婉地提起，下意识瞄了一眼制造日期，3天后才到期，不过我还是还给了小萌。

"女生的东西太多了，鞋子、衣服、配件、包包啦，随便放都会乱，没办法整理，能维持这样不错了。电视演的都是骗人的，哪有人房间一点东西都没有，要怎么活啊！"小萌随手打开鱿鱼丝，吃了起来。

"小萌，女人的房间可是攸关幸福的，你知道吗？"我说。

"我当然知道，我每次回到家都觉得很幸福。"小萌往后一躺，我发现疑似橙汁的东西流了下来。

"我将来的房间一定要换大点，这样才能一次摆下所有的衣服、鞋子和包包……"小萌兴奋地勾勒未来房间的"蓝图"。

"女人的房间是将来和婚后生活的缩影，现在是什么样子，未来也是什么样子。"许多男人都有这样的观念，当他进入你的房间，看见堆积如山的换洗衣服、"躺"在地上的汽水瓶和袜子，我敢打赌，纵使他对你有再多热情，也熄灭了！

没有人喜欢住在垃圾堆，当然，没有男人会想跟一个把自己房间搞成垃圾堆的女人结婚。所以说，女人的房间是幸福的关键，将房间打扫好，是摆脱剩女的基础建设。

别让你的私密空间变成未来另一半的牢房。

别人有的我都要

"别人一年出国两次,我要求照样办理,别人去欧洲,我只要求去韩国滑雪,我哪里不对了?"菲菲手上的叉子越说越接近我鼻尖。

"对对对,你说得对。"我赶紧安抚她,趁机把叉子给夺下,"不过你说的别人是谁啊?"

"坐在我隔壁的同事小雪啊,她男朋友对她真好!上个月小雪生日的时候,她男朋友请全公司吃饭,这次我生日,为什么不能这么做?我觉得他根本就不爱我!"菲菲说完瞪了 Rick 一眼。

"别人要的她也要,别人有的她不能没有,老爱和别人比较。以飞,你说,我为什么请他们全公司吃饭?"Rick 讲完,叉子已经指到我额头了。这两人真是天生一对,激动起来的动作都一样。

"我才不是爱比较,我又没有长得比别人差,为什么别人有的,我不能有？"菲菲的叉子这回和 Rick 的对上了。

眼看要打起来了，我赶紧上前拉开两人。

打从我一进餐厅，这种情形已经重复好几遍了。菲菲觉得为什么别人有的她不能有？Rick 则认为菲菲什么都要和别人一样。

"菲菲，我知道了，问题不是你们两个谁对，而是出在小雪身上，你不该坐在小雪隔壁！"我说，小雪的男朋友对她太好了，一比较之下，Rick 不管为菲菲做了什么，都像在敷衍了事。

"才不是呢！问题出在 Rick 身上，他居然……"菲菲突然不说了，趴在桌上哭了起来。

"这事你就别怪我了，你左一句小雪，右一句小雪，每天在耳边对我催眠，我只好找她谈一谈，要她别再跟你聊她男朋友对她多好了，免得你一天到晚想和她比！"Rick 气定神闲地说。

"Rick 真聪明，直接从小雪下手。"我说。

"他的确下手了，他和小雪谈到床上去了！"菲菲抬起头对我说。

Rick 和小雪？这回换我想挥叉子了。

"别人要的我也要，别人有的，我不能没有！"你和菲菲一样吗？

别人的男朋友怎么对她、买什么送她、怎么呵护她，那都是别人的爱情，和你无关。爱情不是比赛，别人有车有房，你也要有车有房，别人的男朋友能做到的，你男朋友应该照样办到。不只你和别人不同，你的男朋友也是特别的，不需要拿来和别人的男朋友比赛。

别人是别人,你是你。如果你老想着和别人一样,那你男朋友干脆和别人交往算了!

想的、爱的不是同一套

"谈恋爱就跟电视购物一样,在试用期内,随时能说不买了,既然不喜欢,只好分手啦!"小米拿起一件衣服在身上比试。

"可是今年才刚开始,你分手的次数就直逼去年一整年的次数,太频繁了!"我对小米摇头,那件衣服不适合她。

"有什么办法,我老是遇不到像我希望的那样爱我的男人。"小米又拿起另一件短裙。

"你希望的爱是什么样子?"我边问边把小米手上的裙子抢过来,这件更不适合。

"很简单呀,每天记得说爱我,不管多忙都会抽空给我打电话,愿意像你这样陪我逛街,每个生日、情人节都送礼物,到我家做客能帮忙洗碗。"

"听起来是不难,但真的没有男人能办到。"我好奇地说。

"记得每天说爱我的,不愿意陪我逛街;到我家会主动洗碗的,不会在情人节送礼物;即使再忙也会打电话的,不会洗碗……唉,我知道人没有十全十美的,但区区几个条件,兼顾一下有这么难吗?"小米感叹,拎起一件亮片洋装。

"放回去!"我毫不犹豫地说。

"一定要这几个条件全达到吗?不会洗碗的男人愿意买全自动洗碗机,也可以吧?"我说完,赶紧抢下小米手上的紧身裤。

"当然不行。我不过希望他能照着我想要的做,偏偏他做了一堆,全是我不想要的,那算什么爱!送花?多浪费!出国去玩?可以省下来吃美食呀!买股票说要挣钱结婚,我又不会玩股票!为什么没有一个男人能像我想的那样爱我……"小米连串抱怨。

"恐怕是因为你想要的,和对方认为你需要的不一样。"

我把小米推向镜子前:"张大眼睛看清楚你的身材吧,刚刚那些衣服,哪一件你挤得进去?"

"没有人能像我想要的那样爱我!"我听过不少女人这样抱怨,我总想回答"你有两个选择,第一,定做一个和你一模一样的人工智能机器人;第二,和自己谈恋爱。"

这世界上没有人能像你想象的那样爱你,但这并不代表他不爱你,更不代表你不幸福。每个人都用自己的方式在爱着对方,用自己以为对方需要的方式在付出。你想要的和他能做的,两者之间不可能毫无隔阂。

所以说爱情需要极度频繁地沟通。爱是一个动词,是两个人互动的过程。如果你一开始就用自己的想法将对方阻隔，认为他无法达成你想要的爱，那么我只能说，你活该被剩下。

想象力有时会害死人！

职业恋爱

"这支西班牙的红酒好甜啊,真好喝!""我觉得刚那支2005年意大利的红酒比较好喝,很厚实。""喝红酒千万不要配那种鲍鱼,味道会变得很怪!"新年假期下大雨,几个姊妹聚在凯瑟琳家开红酒派对。凯瑟琳在厨房忙碌不停,端出一盘又一盘堪比饭店外送的豪华料理,她的新男朋友小光则和我们坐在一起,跷着二郎腿喝红酒。

"怎么想都不对劲吧?"姊妹中有人暗暗耳语,觉得小光应该在厨房帮忙。

"我进去会被赶出来的,凯瑟琳说我什么都不用做,只要陪你们聊天就好。"小光的耳朵好尖,笑着向我们解释。

姊妹你看我,我看你,开始围观小光。

"小光,你现在在哪里上班?"

"我没上班,正在找工作。"小光爽快地回答。

"你和凯瑟琳交往多久了?"

"三个月。"小光说。

姊妹交换一个眼神,大家接力地往下追问。

"你搬来凯瑟琳家多久了?"

"我们一起住两个多月了。"小光答道。

"有结婚的打算吗?""你对她是认真的吗?""你有多少存款?""计划什么时候娶她?"面对越来越尖锐的问题,小光开始招架不住了,频频以喝酒掩饰尴尬。

凯瑟琳收留失业的男朋友不是第一次了,难怪姊妹为她担心。

"我也不想这样啊!但是有班上的男人没办法全心全意爱我,不会随时随地把注意力放在我身上。"把醉倒的小光拖上床后,凯瑟琳向姊妹倾诉。

"吃你的,住你的,穿你的,什么都不用做,他当然能24小时陪着你,以你为重心。换作你养我,我也可以。"八成喝多了,我讲话变得尖锐。

"这你不懂!一旦体会过每天黏在一起、全心全意的爱,就无法再接受男人从工作、朋友、家人的缝隙中施舍出来的1/5、1/8还是1/20的时间的爱情了!"凯瑟琳说。

"可是他总不能一直不去上班,待在家里陪你吧?"姊妹同声一问。

"有什么关系,只要他一直全心全意爱我就够了!"凯瑟琳甜蜜地笑着说。

你觉得凯瑟琳在说傻话吗？这种傻话我还真听不少女人说过……"只要他能全心全意爱我，找不到工作也没关系，吃我的、用我的也无所谓，偶尔会打我也没关系，对我不好也能忍受，限制我行动、不许我出门也能谅解，行为幼稚也能接受，因为他是如此全心地爱我，毫无保留地对我。"

怎么样，很熟吧？想要男人全心全意的爱，就能忍受其他的一切，这样的女人其实很多。我以为她需要的不是普通男人，而是一名职业爱人，以爱她为职业，把爱她当作毕生之志向。然而，这样的恋情很难有好下场，爱来爱去折腾了几年，剩女才会发现，除了小说、电影和偶像剧里的男主角，真实的人生并没有人以爱情为职业。

即便是两性作家、爱情小说家、罗曼史作者，也不能用爱来生活，得认真写稿赚钱。

剩女的时间管理

"不等了！我的蛋奶酥留给你们吃吧，我得回去更新博客了！"Amber拿起包，坚决地道别。

"好不容易姊妹才能凑在一起，你就不能多留半个小时？就算晚点更新博客，你依然能连上全世界，急什么！"我拉着Amber坐下，Amber却奋力抵抗。

"不行！我每天都按时更新，万一他来了，看不到我发的新文……"Amber低头算了算手机上的日历说，"之前的677天就前功尽弃了！"

Amber口中的"他"，是一年多前分手的前男友，Amber发誓要挽回他，把分手后的寂寞、对他的思念，图文并茂地发表在博客上。Amber因此成为著名的博客博主，许多网友都为她打气鼓励，祝福她能挽回分手的前男友。

然而，Amber 每天花三四个小时更新博客、发新文、回网友留言，却没把半点力气花在挽回恋情上。即使累积数千则留言、数万次回应，也没有只字词组是 Amber 的前男友留下的。

有件事我一直藏在心里没说，前几天在超市遇见 Amber 的前男友，搂着一个其貌不扬的女孩，小心翼翼地提着篮子，随侍在侧。我特地瞄了一眼，篮子里放了洗衣粉和洗涤灵，手牵手买这种生活用品，可见两人的好事已近。

"你不该花那么多时间怀念前男友，应该把时间花在多认识几个男人，多和男性友人出去逛逛，才有机会把自己嫁出去。"我对 Amber 说。

"青春有限，我得集中分配，做好时间管理，把工作以外的时间全用在对的男人身上。过于分散，瞄准太多对象，反而打不到目标。"Amber 急着解释。姊妹纷纷点头赞同 Amber，要我赶紧放她回去。

"正因为青春有限，才要把时间花在'会花时间在你身上'的人身上，一个不会花时间在你身上的人，应该让他在你的世界里彻底消失。"我说。

我们常把时间花在错误的人身上，尤其谈恋爱的时候。对你好的人，愿意花时间在你身上，你偏看不上他；不愿意把时间花在你身上，对你不屑一顾的男人，你却对他非常感兴趣，千方百计吸引他注意。

青春就像卫生纸，看着还剩不少，用着用着就不够了。年轻时还能蹉跎、挥霍，一旦进入剩女行列，你的时间绝不能再随意浪费。好好把握每一分钟、每一秒钟，把有限的青春时光用在愿意花时间在你身上的人，才是真正聪明的时间管理。

时间比金钱还珍贵，再多的时间买不回青春，也买不到爱。

很不体贴的体贴

"粉红公主蕾丝款,和米色田园自然风,哪一个好呢?"小春连续换了两套家居服,要我帮她拍下来。

"快点!快点!"小春迫不及待地把照片传到计算机上,急着发给她男朋友。

"等等!你男朋友的 QQ 状态栏不是写着'工作中,请勿扰!'吗?你传给他照片,不是会打断他工作吗?"我赶紧阻止。

"他太忙了啦,需要放松一下,所以我才要传点清凉的给他看,提提精神啊!"小春拨开我的手,把照片传给男朋友。

"亲爱的,你喜欢哪一款?我比较喜欢蕾丝款,但是我知道……"小春接着在对话窗口打了一大堆字。

"已经过了三分钟,还没回复,大概在忙,你还是别吵他!"我把小春从电脑前拉开。

"没关系，我震他一下好了，多震几次，他就会回了。"小春又弹回电脑前。

"你太不体贴了，男人在忙，就别吵他，让他专心工作。"我说。

"你才不懂呢，我是为他着想。他每天忙着工作，要是没有我三不五时地打扰他一下，他一定会因为工作压力太大，导致失眠、肩膀酸痛还有神经衰弱等问题，工作绩效也不会好。对了，我等下订个三天两夜的舒活 SPA 之旅好了，陪他出去散散心，保证全身放松，身心愉快。"小春说着打开旅游网网页，开始查询起价格。

"你不用先跟他确认休假的时间吗？"我疑惑。

"不用问啦，这是对他好的事，他一定会乐于接受，一般公司请几天假应该没问题。"小春说完就按下在线订购。

"你都这样自作主张帮他做决定的吗？"我好奇。

"那当然，我很体贴，都站在他的立场为他想。有我这样的女朋友，他很幸福吧？"小春说完突然惊呼。

"这里有个去关岛拍婚纱的特价活动，一边度假，一边拍婚纱，又能省钱，我改订这个好了。"小春又为她男朋友做了新的决定。

你和小春一样，是自以为对男朋友体贴的人吗？很多体贴的人其实都不体贴。是站在对方的立场想没错，却是用自己想要的方式来为他着想，而不会去问他愿不愿意接受这样的方式。一旦对方有意见，还理直气壮地质问："我这都是为了你，哪里做错了？"

这种体贴有时比不体贴还可怕，明明是好意，却带给男人压力。我见过许多这样的女人，一直到男朋友提出分手，还不知道自己哪里出了错，于是变成剩女。其实，体贴有很多方式，有时过于为对方着想并不叫体贴。先为你自己想，把日子过好，成为一个充满自信，有能力让他笑，在他难过时能鼓励他的女人，才是真正的体贴。

请不要在"体贴"和"控制欲"之间画上等号。

爱情的预知能力

"这是我的无缘众男朋友,你看!"小蓝打开计算机的文件夹,秀出一张张的照片,我还以为是某一届落选的男模集锦,数量惊人。

"你的情史真是丰富,想必是个恋爱高手,看来我得和你好好讨教几招。"我羡慕地说。

"我哪是什么高手?要真那么行,早就请你喝喜酒了。"小蓝感慨地说。

"别谦虚了,一个男朋友交往一年,哇!少说你从幼儿园就开始谈恋爱了。"我扳着手指头数着。

"不,截至目前,交往最长的不过三个月,最短命的三个礼拜就结束了,你说我还不坎坷吗?"小蓝说。

"我说你也太花心了,要知道这世界上有多少女人找不到对象,你竟然还一个接一个地换,占了那么多名额。"

"我不是花心,是怕!你看这个,帅吧,不过他是独子,万一我嫁过去,他妈妈一定会认为我来跟她抢儿子;另外这个也不错,年纪轻轻就接手老爸的公司,少年得志,你说以后怎么办?"小蓝如数家珍般把前男友档案给报告了一遍。

"你会不会太主观了,还没到结婚那地步,就先预设立场了?"我问。

"这不叫预设立场,这叫未雨绸缪,我可不想一结婚就离婚。"小蓝一脸正经地纠正我。

"难道这些男朋友,每个都已经到了谈论婚嫁的地步?"我好奇地问。

"人要把眼光放远,预想到结果。太有钱的、家里长辈不好搞的、长得太帅的、个性太强的……这些都会对婚姻造成危机,就更别说那些没钱的,或者是花心的。"小蓝几乎把全世界的男人类型都给数落了一遍。

"这些状况不都是感情生活常见的吗?难道你没想过要去适应?"

"早就已经知道结果的事了,何必想着改变些什么?徒然浪费双方时间罢了!感情要顺利,一定要有我这种预知的能力,把彼此的伤害降到最低。"小蓝得意地说。

"如果你有这种能力,要不要预知一下哪时会遇上一个事事顺利,能和你修成正果的人?"我问。

"你还真可爱,我要真这么行,早就结婚了,何必一个一个男人地试着交往。"小蓝微笑着说。

有人相信直觉判断,有人相信经验法则,每个人筛选和淘汰对象的方式皆不同。然而,把这些对爱情的判断过度扩大延伸,成为所谓对爱情一开始便能知道结果,像小蓝这样,不只是过度的悲观,也可说是把自己神化了,变成有预知能力的人。事实上,谁都没有预知能力,连算命先生预测得都不一定准确!

你应该相信自己的判断,在相处的过程中累积判断的次数,验证他的行为,而非用预知的方式把他淘汰,也把自己的幸福给淘汰了!

谈恋爱不能过度乐观,也不能过度悲观,过与不及都不是好事。

思考的话太慢了吗

"我最喜欢逛书店了,多看书有助于谈恋爱。"ViVi 领着我在书店里穿梭。

"没想到现在还有像你这么好学的人。"我感动地看着 ViVi,只见她谦虚一笑,随手便拿起几本书推荐了起来。

"《第一次恋爱就上手》这本光看封面就很棒;《恋爱速成班》一看就觉得有效;《轻松约会12招》这很实用;《男人其实很简单》这书名多好!这些都是我的必买书。"不到两分钟,ViVi 手上已经捧了一堆书。

"你为什么不看些剖析男性心理的书,或者是男性杂志,也可以看看财经相关的书,这样跟男人比较有话题聊,这本讲趋势的书似乎不错,你翻翻看!"我把书递给 ViVi。

ViVi 只看了封面一眼,就把书还给我:"这本看起来好难,我不喜欢！我选的书比较好，作者已经摆明了把方法都教给你，还把该怎么做的步骤全说了，这样才好，我用不着花那么多时间去想。"

"可是……你不动脑筋想，怎么谈恋爱？"我疑惑。

"男人很难，我不想懂！我只想征服！"ViVi微笑地说。

"你真的认为用这些速成的方法就能纵横情场吗？每个男人都不一样，每一段感情的状况不同，这些书是让你参考，看了之后还得消化、思考，得出适合自己的方法。"我热心地解释。

"你想得太复杂了，现实世界没这么难！照书写的去做比较快，不用东想西想伤神费心。而且每次我一遇到状况，一定上网搜索或是提问，网友一定会给我答案。"ViVi得意地说。

"网友的回答你该不会照单全收，都照着做吧？"

"那当然！"ViVi诡异地看着我，"不照做我为什么问？"

"难道你从不自己思考答案吗？"

"现在信息这么发达，思考的话太慢了，万一书里没答案，或者是网络上没有，那就代表这个问题无解。"ViVi斩钉截铁地说。

"但是……"我还想说，却被ViVi拉向柜台结账。

"你想太多了，想那么多容易老，别那么紧张，放轻松。"ViVi同情地看着我。

你是不是常常抱怨，为什么读了那么多教人谈恋爱的书、听了那么多网友的建议，每场恋爱却还是以失败告终，至今仍是剩女一枚？不是书上写得不对，也不是网友指导错误，而是你懒得去思考！不用头脑谈恋爱，不用智慧去判断，只想轻松照着别人说的做，绝对没有好下场。

对，男人是难懂，两性沟通是有点复杂，相爱之后的相处也是门学问，爱情里处处需要练习和学习，需要你去思考自己要的是什么，怎么去做。天下没有免费的午餐，凡事没有不劳而获，谈恋爱也不例外。如果你懒得动脑筋，什么都不去想，那最好是天天求神拜佛，等着幸福从天上掉下来砸到你吧！

放弃思考，就等于放弃幸福。

嘴上的尊重

"晚上去逛夜市吧,我好想念台湾的小吃,其他地方的蚵仔煎跟披萨一样硬,吓死人了!"Nick 说。

"这么可怕啊?"小悠笑着回应,"不过,可不可以下次再去逛夜市?我今天想吃清淡点,去吃清粥小菜吧!"

"清粥小菜我昨晚才刚吃过!"Nick 一说完便看见小悠瞬间黯淡的脸色,赶紧补充,"没关系,再吃一次也无妨!"他顺手拿起一件蓝色的外套套上。

"这蓝色外套是不错,但我觉得你穿这颜色不好看,灰色这件更适合你。"小悠翻出另一件外套。

"灰色这件有点小,我现在胖了……"Nick 困难地想挤进小一号的外套,啪的一声,外套破了!

"要不然你把身上的 T 恤换下来吧,改穿这件衬衫,这样就不用穿外套了！不过，我只是建议，你自己决定！"小悠温柔地说。

Nick 立刻脱下 T 恤，穿起衬衫，脸上却没半点笑容。

"你是不是不高兴？"小悠疑惑地问。

"为什么每件事情都得按照你的意思？难道不能尊重一下我的意愿？"Nick 忍不住说出心里的话。

"我哪里不尊重你了？我从不限制你，不强迫你，只给你建议而不是命令，这不就是尊重吗？"小悠无辜地睁大眼睛。

"如果我不照你的'建议'去做，你就不开心，逼得我要听你的，这还叫尊重吗？"Nick 反问。

"你最后决定听我的，是你自己的'决定'，我又没逼你！而且，你不认为我给你的建议都是比较好的方式吗？"小悠开始采取柔性攻势，轻轻地拉住 Nick 的手。

"两个人在一起不就应该彼此配合，怎么会是依照一个人的想法来过日子？"Nick 的声音越来越小，刚冒出的怒火就快被小悠给灭掉了。

"我是因为爱你，才会凡事给你建议。夜市小吃不卫生，吃多了不好，蓝色外套太显老，你身上这件衬衫和我的打扮比较搭，毕竟我们是情侣！"小悠亲昵地靠在 Nick 身上。

"那我有哪些事是可以自己决定，不需要参考你的意见的？"Nick 问。

"当然有，像是上下班接送我，帮我付账单这种事，你不必问过我的意思，可以自己决定啊！"小悠深情款款地说。

"我想还有另外一件事,我也能自己决定!"Nick说。

"哪件事?你先告诉我,我来做判断。"小悠一脸认真。

"跟你分手这件事。"Nick说。

凡事只给建议,不强迫对方屈服,就是尊重吗?动不动就摆脸色,非要对方听从你,这也是尊重吗?所谓尊重不是挂在嘴上,不是拿来当沟通时的挡箭牌,而是行动,更是一种宽容。尊重他的想法,尊重他和你的不同,尊重他做自己,这才是真正的尊重。

许多女孩不懂尊重的定义,误以为把想法拿出来讨论就是尊重对方,忽略了对男人来说,"尊重"和"尊严"在某些时刻几乎是同义词,没有男人想跟不尊重自己的女人过一辈子!

除了自我认同,也该认同别人,这就是尊重。

年龄是女人和爱情的天敌吗

"Alex 各方面条件是我有史以来遇到过的最好的,我决定以结婚为前提,跟他认真交往,从此脱离剩女俱乐部。"菲菲兴奋地宣布。

"等一下,我反对!"Jenny 用力地拉住菲菲,"你忘了?Alex 年纪比你小啊!"

"Alex 说他不介意年龄,况且我也只大他……三岁。"菲菲拨开 Jenny 的手。

"这种话听听就好,千万别当真,就算他不介意,他的家人、朋友也一定会介意。你能忍受得了那些闲言闲语吗?"Jenny 语带恐吓。

"他家人都很好,朋友也没拿这件事做过文章,应该没问题的啦……"菲菲的口气开始变得不确定。

"你跟他谈谈恋爱没关系,不过,可别因为男人年轻可爱,就一时冲动,决定结婚。"Jenny 冷冷地说。

"喂!菲菲好不容易找到她的白马王子,你别扯人家后腿。"眼看情势不对,我赶紧阻止 Jenny。

"男人条件再差都没关系,但是,只要年纪比女方小,下场都不会太好,你看看演艺圈多少活生生的案例。"

"那我该怎么办?"Jenny 言之凿凿,吓得菲菲有些手足无措。

"找个年纪大一点的男人,才会疼老婆嘛,为什么嫁个小老公,要当儿子疼啊?"Jenny 眼见菲菲动摇,露出一丝笑容。

"难道年龄真那么重要?只要两个人相爱,年龄不是问题吧,况且才差了三岁!"我赶紧出声。Alex 是个好男人,我不想他不明不白地被判出局。

"什么才三岁?差三岁差很多了!男人越老越值钱,女人越老越贬值,哪个男人不是中年之后事业有成,就搞外遇了,而且专找年轻的。"Jenny 叹口气,"女人脸上的皱纹叫作老,男人脸上的皱纹叫作成熟,你们俩还没认清吗?"

"菲菲保养得不错,看不出来比 Alex 大三岁,这点不是问题。"我拍拍菲菲,试图为她打气。

"别自欺欺人了,保养得再好,出生年月日也不能改变。年龄是女人和爱情的天敌!"Jenny 彻底消灭了菲菲最后一点勇气。

年龄真的是距离吗?剩女之所以会剩下来,往往都是因为自己设定了一些条件,当男人出现时,就是因为一些"特殊"的条件不符,错过了一段又一段的感情。有人在意年纪;有人认为太矮,不行;有的人则在意学历;有的则无法接受薪水比自己低……剩女的限制很严苛,却自认"我不过只有这么一点小小的坚持"。

百货公司周年庆年年都会办,这次买不到的折扣品,明年可能还会有,但是感情呢?中意的男人天天都遇得到吗?不要再自我设限,重新检视一下曾经被自己淘汰的男人名单,说不定幸福就在里面。

爱情不是排除法,别期待下一个男人也许更好。

肆

恋爱法则与识人

十种你该放弃的女人

"只要是女人，活的，单身，就可以。"很多男人喜欢开这种玩笑，显示自己大度没有预设的择偶条件，对女人不挑剔。事实上，不挑剔的男人和幸福无缘。

难道你买车之前不会挑吗？买房子之前不会考虑吗？为什么交女朋友这件事就这么冒险？除非女朋友不是你要相处一辈子的对象，只想谈个三五天恋爱。毕竟，女朋友可比车子、房子能陪你的时间更久，更需要好好对待。

你正在追的女生该不该加码？交往中的女朋友，该不该继续深交？哪些女人碰上了要赶快跑？以下十种男人该放弃的女人，请男人们拿出一百分的态度来认真参考。

1. 超级需要安全感的女人

等待你英雄救美的女人楚楚可怜，但随时都需要你、过度缺乏安全感的女人，却是你该忍痛放弃的。

她无法接纳自己，对自己毫无自信，非常需要一个可以依赖的人，不能没有你……除非你立志当她的专属心理医生。否则，光是爱她，你根本帮不了她。因为，她需要的不是你的爱，而是心理治疗。

2. 不愿意为你花钱、花时间的女人

以花你的钱为乐，却不肯为你花半毛钱的女人，让你等却不肯等你五分钟的女人，就是不愿意为你付出的人。

不管她脸蛋多漂亮、身材多性感、嘴上说多喜欢你，只要她打死不对你付出，就应该立刻放弃，她有可能是骗子：没有任何女人不愿为她所爱的男人付出；她是自恋狂：在她的世界里，她是主宰，她最爱的是自己，男人不过是她的附属品罢了。

3. 恋爱脑的女人

有些女人骄傲地说可以不吃饭，却不能不恋爱，这种渴望爱情的女人似乎是极品女朋友，但她需要的不是你，是爱的感觉。

交往初期，你们一定会甜蜜热烈，等到恋情趋于稳定，你开始计划未来，她却觉得没有恋爱的感觉了。她的生活是以恋爱为核心，情话、浪漫、约会、纪念日、你对她的关心和在意……而你的

生活不是，你需要工作，需要和家人、朋友相处，需要恋爱以及恋爱以外的生活。

"你是不是不爱我了""我觉得你变了……"当她发现你无法给她100%的关注，她的情绪就会不稳定，甚至对外寻求其他暧昧。她擅长热恋，适合爱情短跑，却没有爱情长跑的能力。

4. 以结婚为人生唯一目标的女人

以为结婚就能找到一生的幸福，这种女人看起来很正常，其实逻辑有问题。

你或许会说："女生不都这样吗？到了一个年龄就想结婚。"其实你只说对了一半，不管对婚姻有多渴求，以为结婚能解决所有问题的女人，都有强烈的幻想症和逃避心态。

5. 喜欢拿你和别人比较的女人

如果她老是拿其他人和你相比，指出你不够好、不够帅、不够体贴、赚得不够多……请不要中了她的计，认为是你不好，必须更努力才能满足她。

相信我，爱比较的人生性贪婪，拥有了还想要更好的，永远不会得到满足。

6. 用爱威胁你的女人

"如果你不这样做，就是不爱我。"拿爱当借口来控制你的女人是谈判高手,如果你创业开公司,可以雇用她;如果你想谈恋爱,就别动用她了。

7. 爱找备胎的女人

一边爱你一边找备胎,随时和其他男人保持可能性:这种女人过于精打细算,不做赔本生意。非常赞同你跟她搭档做生意,若是谈恋爱,还是别找这么爱计较的吧。

8. 每次都用眼泪解决问题的女人

这种女人惹人怜爱,不过,未来如果你被列入裁员名单,你们的小孩被校园霸凌……你是期待她用哭泣来解决,还是与你并肩战斗?

9. 对前男友念念不忘的女人

痴情的女人很动人,但是,背负着上一段感情和你恋爱的女人,等于在玩三角关系。或许她打算用新男人忘记旧男人,小心最后全都忘不了,同归于尽。

"我有把握一定可以感动她,让她彻底忘记前男友。"如果你有这种念头,我只能说祝福你,说不定五十年后,她会被你感动。

10. 好辩论的女人

除非拿辩论当兴趣,否则,谈恋爱还喜欢和你争辩的女人,绝对是不好惹的。

好强和热爱言语沟通都不算坏事，但是，好辩论的女人，最糟的是无法容忍别人和她想的不同，所以会情不自禁地想纠正对方，希望你同意她所谓正确的观点。

无法接受多元价值观的她，极可能在你做任何决定时泼你冷水。就算你喜欢冷水澡，也不喜欢爱泼冷水的女人吧？

再次提醒，女人身上是没有性格标签的，请小心评估爱上她的不良反应是不是你能承受得起的。

打一场"爱情剩战"

从"剩斗士""必剩客"到"齐天大剩",剩男、剩女还分等级?单身话题两岸一样热,近日大陆以年龄为剩男、剩女划分等级,让我们来看看两岸的爱情剩战有何不同吧。

"剩斗士":25～27岁的"初级剩客",不放弃对幸福的渴望,还有勇气为寻找真爱而奋战,称为"剩斗士"。

在中国台湾,"剩斗士"的年纪弹性更大,不只25～27岁男女,即使是40岁以上,仍不会轻易放弃婚姻。这该说台湾人不服输吗,还是水牛精神引领,导致奋战不懈的现象?事实皆非,台湾人普遍晚婚,30岁以上结婚是家常便饭,40岁以上才踏入礼堂的佳偶不在少数。所以不论多大年龄,都还有着为爱情而战的勇气,这也算得上是"台湾之光"。

"必剩客":28～31岁的"中级剩客",迈入30岁大关,属于他们的机会已经变少。此时的他们一脚踏在稳定的事业基础上，另一脚则跨入中高阶主管之争，为打赢职场之战，难免无暇顾及爱情战场，必剩无疑，别号"必剩客"。

中高阶主管的年纪，两岸差异颇大。在大陆，许多30岁上下的剩男、剩女已经爬到重要位置，拥有足以令人起立致敬的头衔。在台湾，这场战役多半延至35岁左右，30岁即拥有经理、总监等级职称的人仍是少数。

这样的差异使得台湾的"必剩客"年龄也往后延伸，尤其是女性，选择成为职场的"必胜客"，的确容易变成爱情的"必剩客"。所以台湾的"败犬女王"芳龄往往比大陆高上几岁，成为剩女界的前辈。

"斗战剩佛"：32～36岁的"高级剩客"，在残酷的职场之战中获得胜利，赢得一席之地，回过头来，发现自己依然单身，这样的单身散发荣光，被尊称为"斗战剩佛"。

在台湾，通常要到了"斗战剩佛"的等级，大家才惊觉已经成为剩男、剩女。小于32岁的未婚男女，一般会认为自己不过是没时间谈恋爱、择偶条件太苛刻，或是还不想结婚、不想那么快被婚姻绑住，才会单身……"只要我愿意，很快就能脱离败犬市场！"并不承认自己的爱情遭遇危机，也不认为剩男、剩女的字眼和他们有关系。

缺乏危机意识的下场就是必须多当几年剩男、剩女。当你过了32岁才开始检讨自己过往的爱情出了什么问题，才愿意检视自己的爱情态度、择偶标准，思考自己到底要什么，那么，你恐怕会吃惊地发现自己根本不知道怎么谈恋爱！

以飞发现最无助的剩男、剩女多是"斗战剩佛"这个年纪，一方面开始认识到不再年轻；另一方面忽然发现爱情很难懂，两者交叉作用让他们丧失信心，很容易自暴自弃。其实，到了这个阶段应该是最清楚自己想要什么、不想要什么的状态，暂时忘掉年龄，整理自己的爱情态度，确定目标，才是最关键的事。

"齐天大剩"：36岁以上的"特级剩客"，被众人尊为"齐天大剩"。

以飞认为"齐天大剩"该改为"齐天大胜"，这年纪的未婚男女该对人生拥有更精确的规划，包括爱情。结不结婚摆一边，但未来要让什么样的人进入你的生活，想进入哪一种人的人生，必须有明确的答案和制胜的把握。这种"胜"并非争输赢的胜，而是自信，是面对自己爱情成绩单的坦然，是就算没有对象也能珍惜自己的信心。

单身不是病，剩男、剩女并非缺陷，打一场"爱情剩战"的同时，也请你别停下一个人也能幸福的努力！

肆 恋爱法则与识人

异性缘好为何却没有爱情

异性缘100分，追求者为0？大家都羡慕异性缘好的人，认为这种人应该在情场上无往不利，既然有那么好的异性缘，表示可以挑选的人很多，然而事实常常相反，异性缘好的人，并不代表容易找到恋人，反而会因异性缘好而阻挡了真爱，就像有很多人逛却没人购物的大卖场，有倒闭的危险。

有异性缘不代表我对异性随便！大家都误会了，所谓"异性缘"讲的不是对异性的吸引力，而是和异性的缘分。缘分这东西听起来太玄，科学一点定义便是和异性接触的程度。异性缘好的人往往性格随和，个性开朗，喜欢倾听，容易沟通，不会给人威胁感，说穿了就是亲和力特别强，容易被异性当成没有性别或超越性别的朋友，和他／她接触没有顾忌，不会觉得压迫，感觉很自在。然而，异性缘好的人最常给人的印象却是"花心"。"误会啊，有男人缘不代表我对男人随便！""我跟这些女人都是朋友，我对感情很认真，一点都不花心。"这种事跳到黄河也难洗清，身边团团围绕着异性，难免容易被误解。

异性缘好的女孩：兄弟满天下，谁是我的另外一半？一位异性缘好的女孩，总是没有男人追，偏偏她只要在姊妹面前一抱怨，就会被口水淹没。"你身边有一堆男人，还敢说寂寞！我八辈子没跟男人单独出过门了！叹什么气，你存心来捣乱的啊？""我看你是故意说出来，让我们嫉妒的吧，你条件太好啦，追求者太多，我们比不上，可以了吧！"大家都看得出来吗？异性缘好的就是"有异性没同性"，同性缘极差！这实在不能说女人爱比较，哪个女人能相信身边围绕着男人却没半个人追？这就是异性缘好的女孩的痛苦。

异性缘好的男孩：你好，我好，大家好！异性缘好的男孩更惨，身为一个男人，最惨的无非是每个女性朋友都把他当成好姐妹。"简单说就是把我当成具有男性外壳的女人，我的功能常常是用来避免其他无聊男子的骚扰、苦力、司机，还有男性小白鼠。前三个功能比较容易明白，第四个要解释一下，最常发生的情况是：'你觉得他那样说是什么意思，是喜欢我吗？''以男人的角度，你认为我男朋友的心态是什么样的？''哎呀！问你就对了，都忘了你是男的……'"以上是我的朋友好缘男的告白，最后他还补上一句："人生最痛苦的莫过于看得到，吃不到。"悲哀啊！

异性缘好的女孩破解法：选择立场，保持边界，维护安全距离。

请各位好缘女认清事实，如果你的异性缘不会让你幸福，就要做出决定，要么继续当你好朋友的哥们，要么当个男人抢着追的女人。千万别以为这两者不抵触，可以一边和每个男人交朋友，还一边享受众星拱月的滋味。醒醒啊，要知道大多数男人都怕麻烦，看到你身边围绕着一堆男人，便觉得竞争对手太多，命中率太低，直接放弃。就算真的追到你，和你在一起，你那些不时给你打电话的兄弟也会让他抓狂，认为你花心。所以，请保持你和异性的安全距离，可以当朋友，但别当没有界限的朋友，更不需要当常常在一起的朋友。投奔到女性朋友的阵营吧，团结的力量大，一群女人走在一起绝对比一个女人走在男人堆里更撩动男人的心。

异性缘好的男孩破解法：快速投入一段感情中。告别异性缘好的尴尬境地，最好的方法就是积极行动，在众多女性朋友里选一个你最喜欢的告白，别再当她的好朋友。"可是，万一被发好人卡，连朋友也当不成怎么办？"往往这时候男孩最担心的就是这个问题，不成功便成好人……不过，没有女人会讨厌跟喜欢自己的男人做朋友。女人都喜欢被追、被喜欢，只要你不是变态跟踪狂，硬要她接受你，就算告白不成功，你们之间的友谊也绝对会比现在更坚固。当她心情不好、遇到困难……你的机会就来了！勇敢地冲出去吧，没有跨出第一步，怎么会有下一步？

好女人的问题出在"太好了"

"我明明对他这么好,为什么他还会这么对我?"

没错,你很好,但他还是爱上别人了!

"我事事以他为主,什么都为他打算,百般忍耐,我哪里做错了?"

没错,你做得很对,但他还是抛弃你了!

大家都说你是好女人,你也觉得你对他最好,为什么还是抓不住他的心呢?问题就出在你太好了。别以为有个"好"字就是好事,其实"好"是幸福的绊脚石,问题非常大。

Linda 对男朋友 Sam 照顾得非常周到,这在朋友圈里早就不是什么新闻了。帮男朋友做便当、打扫屋子、洗衣服这种基本的不说,Linda 还熬夜帮他写报告、请假带他爸妈去看医生、省吃俭用想帮他买车。更严重的是,她为了男朋友竟辞掉了有大好前途的工作，说什么"工作太忙，都没时间陪他"。然而，Linda 的付出却没有换来相应的回报，Sam 提出了分手。

Linda 认为："我对你这么好，你怎么可以说分手？"

Sam 的说法："你对我是很好，但这种好是一种压力。"

觉得 Linda 很无辜吗？事实上，Sam 才是无辜的那个人。

我对他真的很好。Linda 为爱辞掉了工作，想专注于爱情，但 Sam 希望 Linda 也有自己的舞台；Linda 乐意为他做任何事，Sam 却觉得有压力，他会有内疚感："Linda 对我付出这么多，我却没有时间、精力付出一样多！"

你是不是和 Linda 一样，你的好是一厢情愿，没有经过对方同意？千万别以为你认为对他好的，就是真的好。更不能拿对他好当武器，道德绑架他："你看我这么爱你，你呢？跟我比起来，你为我做了什么？"

他对我不好没关系。很多女人会觉得爱是无私的奉献，为了对方，放下自己的利益。这是爱，不过，这是大爱。如果你的心胸这么宽广，应该奉献给全世界，不要只给一个男人。当你用救世主的心态在爱他，觉得没有得到回报也无妨。那么，我只能说你要不是真的很伟大，要不就是疯了！

男女之爱需要互动，单方面的付出无法形成良善健康的互动。就像只取不存的银行账户，终会有用完的一天。

对你好是选择对象的基本条件，如果他无法做到，和他在一起绝对不会让你快乐。若是你愿意忍受，允许他对你不好，那是你有问题，绝不是他。

我做的都是对的。好女人多半从小是好学生、乖孩子，按照论语教的做人处事，以念书考试的心态在恋爱。"我每件事都做对了，他失业，我支持他；他自卑，我鼓励他；他犯错，我原谅他；他打我，我给他机会改正。"有没有发现，你想要做得正确，变成了严格的自我要求，不准自己做出不合时宜、不符合道理、违背老师教导的事。

即便他失业的原因是冲动顶撞上司，你还是觉得应该站在他这边；即便他因自卑而对你有言语暴力，你仍然笑着鼓励他；即便他犯错伤害了你，你仍然以德报怨；即便他殴打你，你仍选择忍耐。

然而，你谨守美德规范，只会让你对错误的人，产生错误的期待。在爱之前，必须对人有所选择；在爱了之后，更要懂得选择，学会判断何时该原谅，何时该撤退。毕竟，爱情不是当老师，有教无类，也不是自我牺牲，让自己受罪就能得到他的青睐。

他总有一天会明白我的好？好女人以为只要持续不断地付出，"他总有一天会感动，回到我身边。"努力不懈、永不放弃才是对爱的态度。如果你想要等到头发白了，脸松垮了，胖上20千克再穿上新娘礼服，那我真心祝福你成功。否则，就要拿出理智来判断你要用多少的青春等一个人。

没有边界的付出是不可取的，是愚爱，等同于变相地亲手摧毁自己的幸福，这种失败最后往往还会归咎于都是男人害的，这种好其实是一种无知的愚笨。

肆 恋爱法则与识人

坏女人不能当,好女人更要命!很多人说:"女人不坏,男人不爱!"坏女人之所以被崇拜,是因为她们勇于摆脱好女人的感情障碍,选择做以自我为中心的女人。然而,过于追求自我利益的恋爱,其实结果不会是很好。所谓坏女人、好女人都是一种偏颇的定义,把好和坏粗暴地一分为二,忽略了人的复杂性。在爱情里不能当愚昧的好女人,更不能做唯利是图的坏女人。不需要用好和坏来束缚自己,而是在每一个当下,用经验和智慧去判断,才能做出最接近幸福的选择。

不必对每个男人都专情

"我很专情,每一段感情都全心投入。""我绝不同时和两个以上的男人约会。""我很专一,一次只能爱一个人。"此刻,你在边看边点头吗?以自己的专情为傲,认为在这个男女纷乱的世界上,你是硕果仅存的珍稀物种,以压倒性的优势击败其他女人,赢得好男人。

少来了!结果恰恰相反吧?一向专情的你就像宠物店里没被挑走的猫咪,眼看条件比你差的女同学、年纪比你大的女同事都结婚了,你还找不到对的那个人,周末没有人约,一个人躲在家里看剧。

为什么会这样呢?让我来猜猜你是不是有以下的状况:

一开始约会就坦白,你对他是认真的?"这样不好吗?先说清楚我的恋爱观,直说我想要的是认真的感情,他才能充分理解我的想法。如果他不打算对我认真,就应该走开!"

亲爱的,我很不忍心打击你正直的恋爱态度,但我也必须对你坦白,男人可不是这样想的。公开你的恋爱观不会换来他的青睐。如果他不喜欢你,绝不会因为你的爱情宣言而改变喜好;你的专情也不会换来他的专情。男人一向把他的专情当作最后的武器,绝不轻易使用,这点他们比女人聪明。

相信我,在刚开始约会的时候,男人不会去想你对他是否专情,他在乎的是能不能追到你!

你是否觉得专情是恋爱的标准配置,就像电脑要有键盘一样。如果你逛街的时候,看到喜欢的鞋子,开门见山对店员说:"我很喜欢,我要买!"请问你还能砍价吗?

同样地,当你无条件地对男人奉献你的专情,就好比把专情当作旅馆的毛巾,在他入住你的心房之前就得知道它一定会在。打个赌,十个男人有九个不会带自己的毛巾!

也就是说,他会享用你的专情,却不见得付出他的专情。

"这样一点都不公平!"是不公平,那你有没有察觉到这种关系里的失衡呢?

你是不是等不及他对你专心不二,就开始拒绝其他男人的追求,使自己陷入除了他毫无选择的陷阱。还没等到他的承诺,就一味地付出,并认为等待得够久,付出得够多,他就会和你共度余生?

我们不要自己骗自己,男人热爱拥有那些选择的项目(像是全景玻璃天窗），对于标准配备（例如四个轮胎）并不会一而再、再而三地赞叹。

男人不把专情当标准配备，他们把它当作最后的筹码。所以，在他上缴忠诚之前，你也不需要唯他是从，葬送自己和其他男人约会、挑选其他人的权利。

在他宣示效忠之前，面对浪漫的氛围、难得的默契，或者仅仅是他记得你的生日，甚至他赤裸裸的欲望等这些理由……你是否就乖乖地献出了自己的一切？

我必须说，就算他的功夫了得，你也不能忘记在这之前先检查他对你的真心。

如果你还没找到他决心对你认真、拔掉其他暧昧花草的证据，就已全部缴械，那你拿什么跟他谈判？噢，我知道了，无尽地等待、付出、青春，还有眼泪对吧，难道你迷恋这种无助的感觉？

到了该是你改变的时候了，在确认他对你的忠贞之前，想办法把自己包紧一点。

专情没有错，但你没有义务对每个男人都专情。

好好珍惜你自己，专情是一种珍贵的选择权，你有权利挑选出对你最好、最适合你的男人，再决定何时对他专心一致，全心付出。若是继续把你的专情当作无条件发放的信用卡、不必付钱就能拿到的爱情入场券，那么，你只能继续在周末一个人寂寞。

对等的感情才会平衡，你的真心要用他的承诺来换，你的专情要让他通过努力来赢得。

三大好男人背后的真相

喜欢看书的气质型男孩、出身普通但积极向上的男孩，以及用情很深的痴心男，向来是推荐排行榜上的优质好男人；然而凡事都有例外，凡男人都有突变，这三种好男人背后常隐藏了不为人知的陷阱，一般人很容易忽略。很多女人庆幸自己上辈子烧了高香，才会遇到这种好男人，直到木已成舟，才发现上了贼船。

喜欢看书的气质型男孩。小曼最近认识一个喜欢阅读的男人Allen，两人常常一起去逛书店，Allen家中有非常多藏书。小曼觉得她终于找到了心灵伴侣，一般男人根本不爱看书，顶多看看股票和企业管理类书，不像Allen这样涉猎广博，他各类书籍都爱，喜欢买书，也喜欢看书。小曼的朋友笑称Allen是世界上仅剩的重视心灵层面的气质男人，要小曼好好把握。

喜欢看书的人怎么看都像好男人，事实上，他很容易专注，需要独处，习惯一个人思考。如果你爱上这样的男人，必须有心理准备，他随时可能沉浸在一本好书中，忘了你的存在。更要提防他可能会因为一本书，改变对爱情的看法，或是突然认为生命中最需要的是友情，不是爱情，更不是你。热爱大量阅读，不挑书看的人，通常思考十分宽广，容易接受新的思想，当然，也表示他容易改变心意。除非你也是爱书之人，否则，千万别以为书可以把你们的爱提升到灵魂层面。

出身普通但积极向上的男孩。小可的新男朋友从小家境穷苦，历经困难的成长过程，他比一般男人更成熟、稳重，而且对事业更有进取心。小可的家境不错，在家备受呵护的她不在乎男朋友家的背景比不上她，反而劝说自己的母亲，认为男朋友会比别人更努力奋斗，将来一定能让她过上好日子。

穷苦人家出身的男人，天生就具备了吃苦耐劳、节俭勤奋、积极上进的个性，其实这是误解。穷苦出身的好男人当然有，然而，并不是穷苦出身的男人就是好男人！从小穷到大的男人长大后分为两种，一种是奋发向上，另一种是愤世嫉俗。大家都知道第二种男人千万不能碰，问题是在交往初期，往往分辨不出来他是哪一种。

别以为穷的人一定比别人更努力，他们想摆脱穷困的欲望是很强烈，但做法上有不少人容易走偏。看尽世态炎凉，容易使他们变得现实、自私，为了追求成功，不择手段。这样的男人常会考虑和你交往能带给他什么好处，也很容易站在自己的立场思考，当他觉得跟你在一起是种负累,很快就会把你一脚踢开。

用情很深的痴心男。巧巧的男朋友非常爱她,大家都很羡慕她能找到这样的男人,巧巧也觉得自己非常幸运。但是,当她想要出国念书,痴心男摇身一变成为霸道男,不准她出国。几番吵架折腾之后,巧巧决定分手,没想到男朋友每天跟踪她,向她发威胁信,不许她离开他。

巧巧的事不是特例,有不少痴心男将爱情发展成了悲剧。用情比一般男人更深、视你为生活重心、以你为人生目标的男人,乍看之下是求之不得的真命天子,一旦吵架、分手,却很容易变成蛮不讲理的男人。为了不失去你,他愿意做任何事,哪怕写血书、监视你、跪下来求你全家……出发点都是爱,却把你逼向疯狂的边缘。

只要谈恋爱,不管他条件好坏,是不是公认的优质好男孩,都不能掉以轻心。路遥知马力,日久见人心,千万别太快判断一个男人的好坏,更别以大众公认的价值观套在刚认识的男人身上,以为符合条件就是好男人,亲手把自己送进虎口。多观察、多相处、多沟通,绝对是幸福必要的前奏。

好男人清单

"可不可以有一张清单,让女人一项一项勾选,就能得出好男人在哪里呢?"我异想天开地说。

"的确,我也想要一张可以检查出现在和我约会的男人,值不值得我再浪费时间的清单。""对啊,我没有看人的眼光,好男人到底需要具备什么样的条件?有标准答案吗?""如果拿着清单逐项检查,就可以知道我的男朋友是不是能托付的对象,那就太好了!人生变得很简单!"姐妹淘纷纷响应。

那就来列一张女人的"理想男孩"清单吧,把男人和爱情都变得简单。

脚踏实地,偶尔才放飞自我。好男人虽然有翅膀,但平时在地上行走,不在天上乱飞。他的翅膀是为你摘星逐梦,不是为了猎捕其他女人。有些男人喜欢在天上飞来飞去,虽然飞翔的姿态很美，却让女人抓不住，拥抱之后，立刻就飞走了。抓不住的男人令女人腿软目眩，有恋爱的感觉，抓得住的男人才令女人感到心安。

让女人有安全感是好男人的首要必备条件。无法令女人心安的男人，没有身为男人的自觉。他只是个男孩，还不想对自己以外的人负责。

在床上、床下都是英雄。"今天不要戴套子好吗？"如果男人拒绝为你做保护措施，不管他在床上多勇猛，请立刻把他一脚踢下床，第二脚踢出你的生活。

不愿意保护你的身体的男人，绝不会保护你其他部分，当灾难来临，他会比你先逃跑。不管光着身体还是穿着衣服，都愿意保护你的安全，这样的男人才是你的英雄。

可以理解你是活的女人。好男人有足够的理解能力分辨你不是他的玩物，也不是美丽的芭比娃娃，而是个活生生的、有智慧、有自由意志的女人。他懂得尊重你的选择，了解你有自己的想法，有自己的事业规划、朋友圈、生活目标、音乐偏好、运动习惯、美食喜好……不会硬要你配合他，硬把你塞进他的人生计划里。

不用笼子关住你，而是用绳子。没有自信的男人才会用占有欲来束缚你，不准你和其他男人做朋友，不准你和他以外的男人单独出去。他把你关在笼子里当作私人宠物，以爱豢养你，把你变成没有朋友，只剩下他可以依靠，离开他便没有退路的女人。

然而好男人不用笼子，他乐意和其他男人分享你的魅力。他对你有自信，相信你不会因为拥有正常的社交生活，就忘了爱的意义。他对自己也有自信，相信他的爱是一条无限长的绳索，能让你飞得很高，又很牢靠地牵系住你。

愿意对小猫、小狗负责任。天底下没有不负责任的男人，只是愿意负责的范围不同。有些男人只对自己的头发负责，就算忘了女朋友生日也不会忘了做造型、抹发蜡；有些男人只对自己的胯下负责，绝对不亏待它老兄。

好男人的领地比较广，不只对自己负责，对工作上负责，对家人负责，连养的小猫小狗都愿意负责。这种责任感才是女人需要的。

有自我调节的能力。世界是很危险的，不管是恋爱、工作、交朋友，谁不会受伤？但好男人必须有自我调节的能力，伤口可以自行结痂、痊愈。

有一种男人很脆弱，特别容易被伤害，还没有能力自愈，必须依靠酒精麻醉、药物催眠、自我堕落或是你无尽的付出和牺牲来治疗。这样的男人可以去拍电影，却不适合当你的情人。

好男人也会沮丧失意，但他的血液里有着想要快点好起来的乐观基因。

有朋友。孤独的一匹狼很有戏剧性，有独特的吸引力，但是，没有朋友的男人比狼还恐怖。没有朋友代表他没有能力和人沟通，没有办法好好融入社会。当然，你也无法与他交流、互动，更别说相爱和相处。

可别自以为你能当他和世界沟通的唯一的桥梁，担任他心灵的向导，除非你喜欢当导盲犬，否则请离这种男人远一点。好男人有朋友，或许不多，但至少有一个知心的。

　　好男人的标准清单还可以列更多，要大度，要诚实，有上进心，要懂得欣赏你……但是，亲爱的，别忘了顺便列一下你的优点，是不是和你要求好男人的一样多？

　　啊，还有一点最重要的差点忘了列——一定要爱你！

　　如果不爱你，再好的男人都是别人的，不是你的。

女人的情绪雷区

"女人动不动就爱生气,到底在气什么,有什么好气的啊?""明明在生气,却说自己没生气,女人很情绪化,容易无理取闹!"不少男人抱怨女人莫名其妙就生气,其实这是一种误会,我们女人是最讲道理的,绝不无缘无故发脾气。每一次生气,都有充足的理由,可以写出一大篇论文。

到底女人在气什么?什么样的行为会引爆女人的火气?让我们找出女人的情绪雷区吧。

当 Andy 好不容易扛过堵车,穿越人潮,找到停车位,抵达约好的餐厅,却发现女朋友 Emily 一脸不高兴。

"你怎么现在才来!这个餐厅有用餐限制,只剩五十分钟了。"Emily 嘟着嘴巴说。

"我已经尽量赶了,临下班经理又去找我。"Andy 解释道。

"你应该跟他说你有重要的事,要准时走啊!"

"我……"Andy 无奈。

"难道你不觉得和我约会是重要的事?还是你宁愿留在公司加班,也不想跟我见面!我就知道,交往久了,感情淡了对不对?现在你对工作比对我还有兴趣……"Emily 滔滔不绝地表达不满。

"你不要这样说。"Andy 抗议道。

"不然是怎样,你说啊!"Emily 反问道。

"你……"Andy 快没力气应付了,现在的他很饿,只想赶快点菜。

"我们先吃饭。"Andy 试图解决问题,心想吃完饭再说吧,于是他叫来服务生。

"我们还没讲完!以前你每天都来接我下班,现在你说忙,我体谅你,让你冲事业,结果呢?每次你都因为工作取消约会,不然就说很累,想休息。这样怎么交往下去?"Emily 抱怨道。

Andy 不语,低头看着菜单。

"你到底有没有在听我说话?"Emily 怒火攻心,一把抢过 Andy 的菜单。

"你不要无理取闹!"Andy 也生气了。

一旁服务生问可以点菜了吗?

Emily 哭着夺门而出,留下 Andy 拍桌子,他不明白 Emily 到底在气什么,只知道好好的一顿饭告吹了!

终极雷区,你到底有没有在听我说话? Emily 最气的便是她正在说重要的事，Andy 却没有认真听，只顾看菜单。女人所谓重要的事，便是她正在说的事。不管是昨天晚上的连续剧，今天下午办公室发生的事，还是刚才地铁上遇到的人，只要女人正在陈述的，她都认为是重要的。那是当然了，不重要的话就不用讲给重要的人听了！正因为女人总把恋人当作最重要的人，所以身边发生的事、心里的感觉，都想说给你听。

如何避开此雷区，不用评论分析，不用试图解决她的问题，你需要做的很简单，就是听。别忘了发出嗯嗯啊啊的声音表示回应，让她知道你在倾听。

次级雷区：你到底在不在乎我？女人比你想象的大方许多，绝不会只因为你迟到半小时就发火。Emily 在意的不是 Andy 迟到这件事本身，而是她和 Andy 的约会被迫缩短。"难道你不觉得和我约会是重要的事？""现在你对工作比对我还有兴趣。"Emily 在意的是"她感觉"Andy 不再像从前那样在乎她了。这个感觉让她紧张，她说出来是希望 Andy 可以给她一个合理的解释，用来抵消内心的疑虑。

如何避开次级雷区，这就像客户的长期订单，虽然是长期客户，但你每隔一段时间就会拜访他，再次确认需求规格。同样地，你虽然承诺过，但女人需要你每隔一段时间再确认一次，以确保承诺仍然有效。

日常的雷区，女人的口头禅往往是：不然是怎样，你说啊！女人讨厌男人不直接表达内心感受，她认为你不是没有能力说，而是不愿意说，因为你觉得她很烦，懒得理她。男人的寡言被女人认为是无情的表现。而男人则认为说了也没有用，反正她爱自己胡思乱想，我说什么也于事无补。大脑的研究表明，女人的确比男人擅长语言处理，表达能力更好。女人会把思考的过程说出来，但男人只在乎结论。不过你女朋友并不会时时刻刻记住这个研究结果，只会认为你不说话就是对她无情。

如何避开雷区，请不断练习"让我想一下，怎么说"，将这句话变成反应动作。当她一长串的话语轰炸时，你就接这句。让她明白你不是不想说，而是不知道该怎么说，需要时间消化和思考。这句话无法帮助你表达，但能让她闭嘴一下子，为你争取一点时间。

爱你才会气你！女人不爱你，绝不会生你气。因为她对你有所期望，所以要求会比较高。其实，有一个女人在身边对你发脾气，问你在不在乎她，有没有听她说话，本身就是一种幸福。

让女人倒胃口的搭讪

大多数女人的确不讨厌男人主动搭讪,毕竟可以高高在上当公主,让男人上演偶像剧里求爱的情形,远比放下身段去追求男孩子要优雅、省事得多。不过,并非每一次搭讪都能满足女人的虚荣心,错误的搭讪手法往往会适得其反,不开口还好,一开口自曝其短,让女人倒足胃口。这些容易出洋相的搭讪术,以飞提醒每个男人都得小心避免。

毫无创意的开场白是搭讪中的大忌。"十个搭讪的,有九个开场白都一样!"长相甜美的 Lily 抱怨,不管是在酒吧、游泳池、书店还是超市,搭讪的一开口几乎都是:"我好像在哪里见过你。""老实说我注意你很久了!"Lily 说连搭讪的创意都没有,只会看着坊间的搭讪指南照章办事,这种男人最倒胃口。

创意是搭讪里很重要的一环,要引起女人的注意,新鲜感是关键。试想一个美丽的女人坐在咖啡馆,一个晚上遇到10个搭讪的人,有9个开场白全都一样,你认为她会跟哪个男人多聊几句?当然是开场白不同于其他人的第10个。如果你想成功搭讪,就不能偷懒,不自己思考话题,而直接拿书上或网络上的搭讪大全来用,那我奉劝你还是别搭了吧!

千万别以女孩的身材当话题。Joyce 的身材比拟写真女星,很多男人第一眼会落在她饱满的"胸前山峰"。想当然的,向她搭讪的男人100个有99个盯着她的身材不放,99个中至少有90个会开口赞美她显而易见的天赋。不过,赞美女人的身材绝非什么高明的搭讪手法,反而会让女人觉得你对她的兴趣纯粹是下半身的冲动,让她想把椅子挪得离你远一点。

你可以赞美女人的衣服、脖子上的项链、手上的包,赞美她的好品位,但千万别赞美她的好身材和好脸蛋。身材和脸蛋好的女人不乏人赞美,早已深知自己的优点。赞她长得很漂亮不但无法引起她的兴趣,还会让她觉得你很无聊,为什么说傻话。而且以外貌开场的搭讪,很容易把焦点集中在外貌上,她会打量你的身高、外形,是否也符合她顺眼的标准。如果你离型男还有段差距,最好别轻易开启这种话题。

自以为幽默的轻佻搭讪也不可取。Angela 在面包店遇到一个帅哥,帅哥直率地问她有男朋友吗? Angela 诚实地回答:"抱歉,我有了。""那你想要换一个吗?"帅哥又问。"我不想,谢谢!"Angela 回答。"那你想多要一个吗?"帅哥自以为幽默地说。

Angela 当场给了他一个白眼。"当我是什么人？不认识我还敢开我玩笑！"Angela 生气地说。

千万别以为每个女人的幽默感和你同步，只要是好笑的搭讪必定引人注意。事实上，女人在搭讪方面缺乏幽默感，这源于她们对陌生人的防备心。如果你没把握能开一个雅俗共赏的玩笑，不如舍弃你的笑点，展现你诚恳的一面。

女人会在意的奇怪顺序，比如第几个搭讪对象？"每次在酒吧里遇到搭讪男，我都会问他，我是今晚的第几个？"冰冰没好气地说。冰冰最讨厌别人拿她当垫底，前面几次搭讪全被拒绝了，才试到她身上，她可不想当最后一号。虽然大家心知肚明，男人肯定会拿搭讪大全书里的每一句做测试，但千万别让女人觉得你是搭讪老手。这种专业和熟练并不会加分，反而是减分。

所有女人打心里都不会喜欢爱搭讪的男人，觉得这男人跟我搭讪，肯定也跟别的女人搭讪。把你看低的同时，自己的地位也莫名地被贬低了。所以，即便你立定志向用搭讪结交女朋友，也千万要隐藏你的搭讪次数，最起码也把数字技巧性地降低。

搭讪只是个开始，搭讪之后才是重点戏。以飞鼓励男人搭讪，毕竟有开口便有机会，多认识一个女人，就多一个选择。但是，千万别走火入魔，以为不搭讪就追不到女人！

听不懂女人说的话怎么办

"女人的话中有话,我听不懂!""她到底想要什么?我该怎么做,她才会满意?""女人的表达能力是不是有问题,为什么不能直接说清楚?"这类男人的哀号和抱怨,数不清听过多少次了。听不懂女人说话,这和智商无关,是男女天生的逻辑差异。其实,要学会了解女人的话并不难,必须先学会以下的解读技巧。

第一次见面的时候,她说:"我没有男朋友。"男人以为这句话是:她在跟我暗示对我有好感。真是太棒了!她这么漂亮的女生居然没男朋友,我真是中了大奖!

女生真正想说的是,其实我是说给你隔壁的那位男生听的……我也不能肯定自己到底有没有男朋友,是有个交往的对象,但不算认真。所以遇到看得顺眼的男人,我就说没男朋友;如果是讨厌的男生,我就会说很抱歉。

女人的确会根据对象不同而说不同的话，也会在跟你对话的时候，故意讲给另一个人听。这种间接的说话方式，不能怪女人，是长期的社会规范逼得女人不能讲得太明白。所以，当她说出将影响你行动的关键话语，最好找机会明确一下。以本题为例，你可以进一步问："不可能吧，你这么漂亮怎么会没有男朋友？"或是开玩笑地说："噢，没有男朋友，那有老公喽？"

停车位是不是私人的，最好前后多看几眼再停。女人有没有男朋友，最好再查证一下。当你一阵追求之后，她说："你很好，是我配不上你。"男人以为这句话是，一定是我的追求不够热烈，才没办法成功。如果我再拼一点，说不定有机会。看来我该去请教一下恋爱达人，他应该可以指点我几招。

女生真正要表达的是，你太好了，对我太好让我有罪恶感！因为我根本不喜欢你，你再怎么努力也没有用！真可惜我们不来电，如果可以我真想和你这么好的男人在一起！

这句话的重点是"我配不上你"，不是"你太好"。所谓配不上你就是不来电，我们不合适的意思。

老实说，不管你好还是坏，都不是问题，问题是她对你没兴趣！所以，别再为了接到好人卡而伤神，觉得是你太好才会没有女人爱，应该换个对象再试试看。

不懂接受你的好的女人，绝不是适合你的对象。交往之后，她对你说："我朋友的男朋友要带她去澳大利亚玩⋯⋯"男人以为这句话是说：她只是像报告电视剧剧情那样，想把身边发生的事说给我听。从新闻、杂志上看到的事,到办公室跟她无关的事,她都会说个不停,怎么话这么多啊?

女生真正的意思是:我好羡慕别人,为什么你就不会对我这么好?好吧,我知道你很忙,没有时间带我去玩,但是,你可不可以多关心我一些?

给男人的解读技巧是,女人虽然话多,但说的话都有意义。当她跟你报告连续剧的发展,是想分享她的感受;当她提到别人的爱情,是想和你沟通你们相处的问题。男人常忽略女人发出的信号,等到女人真的生气了才觉得莫名其妙。其实,在日常相处中,女人就在一点一滴地释放情绪。下次请你多问她一句:"你也想出国玩吗?"就算你没时间陪她去,但是注意到她的感受,一样能让她觉得开心。

给男人的真心话是,当女人不想跟你说话的时候,你们之间就没什么好说的了。

当你听不懂女生的话,不必装懂,可以再问一次,追问她到底想说什么。不过,态度要温和一点,不要一副是你讲不清楚,所以我听不懂的样子,而是要表达出你真的关心她说的每一句话,想深入了解她的内心世界。

这招是通吃必杀技,没有女人不吃这一套!

温柔是最强大的武器

女人的温柔极具杀伤力，但大多数女人却不懂温柔是她与生俱来最强大的武器。70％的男人难以抗拒甜美笑容，80％的男人难以抗拒长腿名模，90％的男人难以抗拒丰满靓妹。然而，99.99％的男人难以抗拒温柔的女人。同样地，也有99.99％的女人一遇上温柔的男人，只能束手就擒。

一个温和的笑容、一个柔和的眼神、一个温暖的拥抱，很轻易地你就能打动其他女人。温柔不是对男人投降！

"温柔不是我的性格，我最讨厌女人在男人面前软趴趴的，一点个性都没有！"Tina超有个性，她认为温柔就是对男人投降。"我为什么要认输？"她挑起眉强硬地说。Tina的看法是最常见的误解，认为温柔就是要顺服，对男人温柔就是要你无条件服从，没有自己的立场。

这误会大了！温柔看起来是一种退让，实则是一种进攻，老祖宗说"柔能克刚"，并不是鼓吹女人温柔的目的是要让男人成为王者，让他们把女人全当作奴隶，踩在脚下，而是要让女人认清自己在爱情的养成游戏中预设的战斗指数。

"我没有女人味，天生就学不会温柔和撒娇！"个子高大、头发剪得比男生还短的 Ruby 认为自己本来就没有温柔细胞，自然学不会嗲声嗲气那一套。"而且，喜欢我的男人就该喜欢我现在的样子，我没必要委屈自己去学什么温柔那一套！"Ruby 强调地说。

其实，女人天生和男人不同，展现你自己就有女人味，并不需要特意去学别人所谓的女性化。你自己就是女人，充满了自然的女人味。温柔只是要你把自己最真诚柔软的部分表现出来，而拒绝温柔可说是否定你的自我。

谁说男人学不会温柔？若要定义温柔，应该是体贴、宽容和关心，反义词是自我、强势、绝不妥协。

Jason 认为男人不该软弱。"我是肉食性动物，不走草食男的路线！"他边说边展现刚锻炼的六块腹肌，证明自己是男子汉。的确，很多男人跟 Jason 一样，觉得对女人温柔是一种懦弱的、无能的、缺乏男子气概的表现。

"所以他对我讲话总是大声，用命令句……几乎没对我轻声细语说过话。"Jason 的女友小优感慨地说。更多女人像小优一样，不求别的，就盼望男人不要大吼大叫，不要粗声粗气，温温柔柔地对她说几句话。然而，对女人来说，男人的温柔像是一种稀有的才华，求之不得。

Andy其貌不扬、经济条件一般，却超有女人缘，不管是空姐、模特还是主播，都登录在他的爱情履历中。很多男人羡慕他运气好，总能交上美丽又可爱的女朋友，Andy则说："女人没那么难追，对她温柔体贴就对了。"Andy的话是重点，当你抱怨女人难懂，就代表你还没学会温柔的能力。男人面对女人，常会不知道该说什么、该做什么，这时温柔地注视着她就对了！

要学会温柔其实很简单，首先，请把音量放轻，把速度放慢，把表情放松，最重要的是，请柔和地看着他／她，慢慢地吐出你想说的话。当你温柔地对待他／她，每一句话都像情话。

温柔是一种武器，是你天生的战斗力，是征服对方的方式，更是一种爱的表现，把你内心的情感化为每一字、每一句、每一个小动作，具体地让他／她感受到。因此，每个想恋爱的男女都该学会温柔。

肆 恋爱法则与识人

是用心爱，还是用心机爱

"有什么秘籍可以让男人不花心？""怎样才能让男人不只乖乖掏心还掏钱？""可不可以教我甩男十三招，怎样能甩得干净甩得漂亮，将来还可以捡回来用？""坏女人才吃香，请告诉我女人要怎样坏才够坏？""请传授我让男人说实话的秘诀！"是电视购物频道看多了，以为所有事情都能在十分钟内解决吗？还是被毒鸡汤感染，觉得连爱情都有特效配方吗？这一年我老是收到这种求救信，希望我能在三招内告诉她摆平男人的方法，五招内教会她幸福的法则。

"以飞，身为两性专家，你一定有私房秘方永葆爱情吧？"连身边的好姐妹小悦都一口咬定。"没错，对付男人一定要用对方法，否则谈一辈子恋爱也难以修成正果！"连没啥恋爱经验的眉丽也这样说。"不但要用方法还要用心机，我过去就是太单纯了，完全没有心机，才会让男人耍得团团转！"小悦叹道。"就是，不用心机无法对付滑溜奸诈的男人！"眉丽频点头呼应。

我却在一旁狂摇头，到底是谁教你们的啊？谁告诉你们对付男人要用心机？"还不是你们这些两性专家。"小悦和眉丽不约而同地指着我。这下误会可大了。相信很多姊妹和她们一样都被误解了，其实谈恋爱是要用心，不是要用心机！每本两性书的真正目的绝非要你耍心眼、使诈、斗倒男人，而是要你真正学会用心去爱一个人。

"不懂用心和用心机有什么差别？"小悦问。当然不同，心机是用来对付敌人，不是用来对付爱人的！你把男人当成敌人吗？只想征服他，却不想了解他？想要他乖乖听话，自己却不想听他说话？很多女人把男人当天敌，谈恋爱时抱着不管如何都不能输给男人的心态，怎样也不能认输，认输就是投降，投降就是分手……我们是在打仗还是在恋爱啊？当你把爱人当敌人，就直接摆明了要和他对立，对立的两人很难和平共处，不吵起来才怪。

"以飞我告诉你，我今天很棒，我男朋友问我要去哪里的时候，我故意淡淡地说，'跟别的男人约会啊！'哈哈哈，我永远忘不了他的表情，好好笑！我就是要让他知道，我不是没人追，他要是不对我好一点，我会随时跑掉。你说我做的对不对？"当小悦这样问我的时候，我真是哭笑不得！没错，教她这方法的是我，当时她有一个花心男朋友，一天到晚失联，小悦只能被动等他电话，活像应召女朋友。当时我告诉小悦她让男人太放心了，不如下回他打电话来就说你没空,忙着出门和男人约会。那招还真好用,花心男开始不时地主动联系。但现在小悦已经换了新男朋友,现任男朋友老实厚道,不常出门,没必要这样说谎整他吧?"万一不小心,反而让他信以为真,怀疑起你对这段感情的态度。"本来只是想要点小心机让男人听话,让爱情更甜蜜,却莫名其妙把单纯的感情生活变得复杂,说不定还会赔上这段恋情。

男人不管再怎样复杂难懂,都需要人了解,你得花点心思去认识他、体会他、了解他,才能摸清他的想法,搞清楚他的行为模式。这样说并非要你知己知彼,百战百胜,而是回归到最单纯的原点,当你爱一个人,就会想要了解他的一切!那是最单纯的爱意,也是最初的出发点。至于那些爱的小心眼,"坏女人才有人爱""爱男人要用方法""千万不能让男人掌握你的一举一动""随时挑起男人的挑战欲,不要让他认为已经把你搞定"⋯⋯这些听起来颇有道理,有时却似是而非的观点,都是在传达某些想法,提供沟通的方式和技巧,供你参考,目的在于协助你思考,帮助你厘清,并不是要你照单全收,全部照搬。你得用点心思去判断自己的爱情适不适用那些方法,学习经营好自己的爱情,而非花时间去练习自己的心眼,让自己越来越混乱。

爱上一个和你完全不一样的个体,你要有心胸去包容对方和你的差异,千万不要反过来,希望对方凡事都照你的意思去做,不顺你的心就是不爱你,把自己当公主,把男人当男佣,用爱和性去奴役你爱的人!公平一点吧,大家都是人,都在爱,都在付出,难道你会受伤,男人就不会?你都很认真,男人都在玩弄感情?嘿,男人不全是坏人,女人也不全是好人。不要把自己当成理所当然的感情受害者,把男人都当成潜在的加害人,这样的受害者心结一点都不健康,不会让你好过,也不会让恋爱顺畅!

　　用心而非用心机去爱,把男人当人,不要当敌人。用心思理解男人,不要用心眼猜测男人!你的心态越成熟,你的爱情之旅就会越平坦好走!

图书在版编目（CIP）数据

幸福关系心理课 / 刘以飞著. －北京 ：北京时代华文书局，2021.12
ISBN 978-7-5699-4471-6

Ⅰ. ①幸… Ⅱ. ①刘… Ⅲ. ①两性交往－通俗读物 Ⅳ. ①C913.14-49

中国版本图书馆CIP数据核字(2021)第249959号

幸福关系心理课
XINGFU GUANXI XINLIKE

著　　者｜刘以飞
出 版 人｜陈　涛
策划监制｜小马BOOK
策划编辑｜林独醒　小　北
特约编辑｜刘时飞
营销编辑｜米若兰
责任编辑｜张超峰
责任校对｜陈冬梅
封面设计｜鬼　哥
内文制作｜麦莫瑞文化
责任印制｜訾　敬

出版发行｜北京时代华文书局 http://www.bjsdsj.com.cn
　　　　　北京市东城区安定门外大街138号皇城国际大厦A座8楼
　　　　　邮编：100011　电话：010-64267120　64267397

印　　刷｜河北京平诚乾印刷有限公司　电话：010-60247905
　　　　　（如发现印装质量问题，请与印刷厂联系调换）

开　　本｜880mm×1230mm　1/32　印　张｜9.5　字　数｜205千字
版　　次｜2022年2月第1版　　　　　印　次｜2022年2月第1次印刷
书　　号｜ISBN 978-7-5699-4471-6
定　　价｜45.00元

版权所有，侵权必究